エビデンスのある
「ほめる」「しかる」を
手に入れたいから…

教室の中の
応用行動分析学

その「行動」には理由《わけ》がある

有川 宏幸 著

明治図書

はじめに

「応用行動分析学」。この学問と出会ったのは、私が大学三年生の夏だった。大学院の博士課程に進学していた大学のOBに「研究室でワークショップがあるから来ないか」と誘われたからだ。特に興味関心があったわけではない。でも何となく参加しておいた方がよいという嗅覚が働いた。当時の私は、障害児教育よりは、障害者を取り巻く社会システムのあり方に強い関心があった。でも、なぜかその時は少し違った世界も見てみたいという欲求が出てきた頃だった。よいタイミングだったと今でも思う。

さて、誘われた「ワークショップ」とは何であったのか。「応用行動分析学」の基礎的知識を学び、実際に子どもに対して「見本合わせ課題」を行うというものだった。教育実習は翌年だったので、一定のカリキュラムに基づいて子どもに何かを「教える」という教員のまねごとのような経験はこの時が初めてだったように思う。

さて、そのワークショップの詳細について私が知ったのは、それから二年ほどして、自分も大学院へ進学してからのことだった。そして何の因果か、そのワークショップを主催していた研究室に在籍していた。ある先輩の博士論文の中に、私のパフォーマンスのデータがあったのだ。そして、私のパフォーマンスが、子どもにどのような影響を与えていたのかも示されていた。ある種の感動を覚えた。私たちは小さい頃から、大人が子どもに、あるいは障害のない人が障害のある人に「教える」という立場にいることを暗黙裡に絶対的なものだと思い込まされてきた。でも、ここで示されたデータは、違っていた。私は、子どもの、そして子どもは私の「行動」に様々な影響を与え合う様が描かれていた。

人と人の間のベクトルは一方通行ではない。相互に作用している。そうした中で人は生きており、社会は回っている。理解しなければならないことは、常に「あなたとわたし」のことだ。だから、私は「あなたの行動」の「理由（わけ）」を知りたい。そして、あなたにとっての「わたしの行動」の「理由（わけ）」をもっと深く探りたい。

本書は「応用行動分析学」の専門書ではない。そこははっきりしておこう。ただあなたを知り、あなたの教室の中での出来事を知る。そして、子ども達のことを知るための本だ。

著者　有川　宏幸

第2章 教室の中の「応用行動分析学」

第3章 「困った行動」には理由（わけ）がある

第1章

「応用行動分析学」の「きほん」

ココロを見ることはできるのか？

人のココロは見えない。
でも、それは確かに存在するようにも思うし、そう信じている人は多い。
だから、人の「行動」を見ながら、その人のココロを説明できたりもする。
でも、その説明って、本当に合っていますか？

人のココロに関心がある人は多い。大学でも心理学の講義は学生の関心が高い科目だ。なぜ人はそれほどまでにココロの存在に興味があるのだろう。ある人が「好き」だから、あるいは「嫌い」だから…など理由はいろいろあろう。いずれにしても、ココロの内を知りたいのは、多少なりともその人物に関心があるからだ。

ここからしばらく架空の話に付き合って欲しい。

私がテレビのリモコンを手に取り、スイッチをONにしたとする。その様子をあなたが観察していたとしよう。そして次のような質問をされた。

「なぜ、アリカワ教授はテレビのリモコンのスイッチのONを押したのですか」と。

その問いにあなたは「そりゃあ、見たい番組があるからだよ」と答えるだろう。この本を手に取ってくれた読者の多くも、今、あなたの答えに大きく首を縦にふり「そうそう、見たい番組がある時にテレビをつけるよね、普通」とつぶやいているに違いない。人のココロは、とかくこのように覗き見られることが多い。いや、ココロは見えない。正確には「覗き見たと思っている」というのが正しいだろう。

話をもう少し進めよう。私のココロを「覗き見たと思っている」あなたの次の関心は、「私の見たい番組は何か」ということだ。一応、私は大学なるところで、学識をひけらかす仕事をしている。なので「小難しい教養番組など見始めるのではないか」と思ってくれているに違いない。ところが、あなたの目に飛び込んできたのは、巷を席巻するアイドル「どっぺり坂47」だ。彼女達が画面の中を所狭しと踊り、歌う光景を見る私の姿だ。

これは驚きだ。しばらく観察を続けるが、チャンネルを変える気配はない。衝撃的なこの光景を見たあなたは、早速、SNSを使ってつぶやいてみた。『アリカワ教授、教養番組を見ると思いきや、実は「どっぺり坂47」を見てる！ファン？』

さて一方で、世の中には物好きにも私のファンなる者もいる（注：架空の話だ。実際はいない）。熱烈なる私のファンの中には、あなたのつぶやきを好意的に受け止め、私の好きであろうと思われる「どっぺり坂47グッズ」を送る者が大量に現れた。おかげで、とうとう私は自分の部屋をグッズに明け渡さなければならなくなってしまった。

一体何が起こっているのだ。私は一言も「どっぺり坂47」のファンであることを公言していない。公言したのは、私の「行動」を「覗き見たと思っている」あなただ。私は、連日送られてくる大量の「どっぺり坂47グッズ」に恐怖する毎日だ。

この状況に耐えかねた私は、ある日、大声で世界中に向け叫んでしまった。

『ドッペリザカ　シジュウシチって、誰なんですかぁ〜！！？』

そう、私は「どっぺり坂47」を知らない。というよりアイドルの顔の見分けがつかない。だから、「見たい番組があるからテレビのスイッチのONを押した」「どっぺり坂47のファンである」というあなたの話は間違っている。

私はテレビのスイッチのONを押した。それは確かだ。そして、ある番組に釘付けになっていた。この一連の「行動」を、あなたは目撃した。これも変えようのない事実である。

でも、あなたは私のココロの中を実際には覗いて見てはいない。「覗き見たと思っている」だけだ。これも変えようのない事実だ。

そう言われてしまうとあなたも黙ってはいないだろう。そもそも「これは架空の話でしょ。それに付き合っただけ」。

そうなのだ。でも、架空の話だと思いながらも、「あるよね～、実際」と付き合ってくれた（と思う）。私は、あなたのココロを覗いて見たつもりだ。そしてあなたのココロをもとに話を作ってみた。だから、あなたもこう言うべきだ。

「人のココロは見えないでしょ。見た気になって、勝手に話を作らないで！」

「行動」から
ココロを見る学問って？

人のココロを覗き見ることで、様々な「行動」を「理解」しようとする。多くの人にとって、その「理解」はあたっているかもしれない。

でも、もしハズレていたとしたら…。いつまでも、お互いわかり合えないままの日々が続くかもしれない。

ココロの中を覗き見ることはできない。

でも、私たちは、共感を通じてあの人は今、「どのように思っているのか」を想像することができる。仮に100人に聞いて回ると95人が「うんうん、そう思う」と答えたとしよう。まぁ、これだけの人がそのように言えば、一定の合意形成も図られるのだろう。でも、合意していない5人のココロはどうなってしまうのだろう。

ここで再度話を蒸し返す。例のアイドル話について告白させて欲しい。私がテレビの画面に釘付けになっていたのは、「このアイドル達、口パクじゃね？」と思ったからだ。普通の歌番組の楽しみ方ではない。そう、私が歌番組に見入っていた理由（わけ）は、少数派の5人の方だ。

「まぁ、そういう人もいるよね」

事はそれほど単純な話ではない。私は望んでもいないプレゼントをどんどんと送られ、迷惑していた。せめて、「ファンなのか？」との邪推を公言する前に、私に直接尋ねて欲しかった。それができないのであれば、結局は本当のことはわからない。だとすればあなたの想像力を働かせて欲しい。自分が想像もつかない理由（わけ）でリモコンのスイッチのONを押す人がいるかもしれないということを。

実際にココロが「行動」の説明に用いられ、教育支援や対人援助などに使われている。それが支援や援助を受ける側の当事者にとって、不利益にならなければまだよいのだが、現実はそうでもない。明らかに誤った支援や援助が矢継ぎ早に提供されることがある。

例えば、学校現場での話。困った「行動」をする子どもについての相談だ。

「この子、これ嫌いなんです。だから、させようとすると暴れます」

大抵の場合、相談を受ける側は子どもの詳細について情報を持ち得ていない。だから聞くしかない。この時も、『なぜ「嫌い」なんですかね』と尋ねてみた。

「やらせようとすると暴れるからです…」

「なるほど…で、なんで、暴れるのですかね？」

「多分、イヤなんです。嫌いなんです。これをすることが！」

『う～ん、ではなぜ「き」「ら」「い」だとわかるのですか？』

『ですからさっきも言いましたよね。「あ」「ば」「れ」「る」からです！』

まるで「鶏が先か、卵が先か」の論争だ。わかったような、わからないような。それでいて、いつまでも話がくるくると廻り続ける。

このままでは埒があかない。どのような対応を具体的にとっているのかを聞いてみた。

「ここ学校ですよ。嫌でもとりあえずはやらせますよ。でも最後には唾を吐くんですよ」

なるほど。確かに、これでは困る。私だって、唾など吐かれて冷静でいられるかと言えば、その自信はない。耐えている教員はエラいと思う。

「まぁ、そうなれば、別室に連れて行きます。そこで好き勝手してますけど」

「あのぉ…その対応で解決しました?」

わかっている。解決しないから相談しに来ている。でも、これでは望まぬプレゼントを闇雲に渡し続けているようなものだ。このままでは出口のないループ状のトンネルの中を、永遠に回り続けることだろう。いつまでも解決しない。では、どうすればよいのか。

正直に言う。今、この子どもの「行動」の「理由（わけ）」を私は知らない。でも、何から始めればよいかは知っている。ココロの中を覗き見たと思い込み、勝手に理解するのではなく、目に見える「行動」から人の心を理解する。この方法は、数多くの証拠（エビデンス）をもとに、人の行動の原理を解き明かした学問だ。その学問とは、

応用行動分析学である。

「行動」って、そもそも何？

応用行動分析学における、「行動」とは何か。

この説明がわざわざ必要なのかと思うだろう。でも、必要だ。なぜなら、実際に「行動」ではないものを「行動」だと思い込み、「分析」を試みようとする人が意外と多いからだ。

さて、これから応用行動分析学の中で取り扱う「行動」について、説明しよう。

「そんなことは、説明されなくてもわかるよ」読者の多くがそう思っているはずだ。歩いていたり、走っていたり、あるいは踊っていたり…。説明するまでもなく、人が動いている様をイメージする。この動くイメージの反対にあるのが、動かず、じっとしている様子だ。例えば「立ち止まる」。これは「行動」ではないと言う人は多い。

ところがだ。完全に動きを止めることは、銅像のパントマイムを得意とする大道芸人にも難しい。もし人の動く様を「行動」と言うのであれば、たとえわずかであっても、動いていればそれは「行動」ということになる。一体、どこまでの動きを「行動」とし、どの程度の動きは「行動」と言わないのか。実は、明確な線引きをすることはとても難しい。

ということで、「行動」とそうでないものを区別するために一つ知っておくとよいことがある。あまり、よい表現とは言えないが「死人テスト」というものがある。『死人にはできないことを「行動」とする』という考え方だ。例えば、「ご飯を食べる」。これは、「死人にはできない」。だから「行動」である。

では、「崖から落ちる」はどうだろうか。サスペンスドラマを見ていると、よく目にする定番シーンだ。どこか別の場所で殺人事件を起こしてしまった犯人が、自殺と見せかけるために、崖から死人を落とす。この落ちている状態は、死人にもできる。だから「行動」ではない。では「崖から飛び降りる」はどうだ。これは死人にはできないから「行動」だ。

「蜂に刺される」はどうだろう。そう、これも死人にできる。『「～られる」のような受け身表現になっているものは死人でもできる』。こう説明する私に、蜂の研究をしている学生が「先生、それはおかしいです。蜂は何もしないのに刺したりしません。おそらく蜂にチョッカイを出したから刺されたのです」と。なるほど、そうかもしれない。でも私は「蜂に刺される」は「行動」ですかと聞いたはずだ。死人テストからすれば「行動」ではない。では彼の言う「蜂にチョッカイを出す」はどうだろう。これは「死人にはできない」。だから、「行動」だ。どの場面を切り出すかによっても、「行動」であるものとそうでないものは切り離すことができる。

さぁ、そろそろ本題に入ろう。

私は、障害のある人たちに関わる教員や福祉現場のスタッフに、応用行動分析学に基づく様々なアプローチを検討してもらう実践的な研修会に関わっている。そこでの演習の一つとして、子どもや入所者さんの困った行動を一つあげてもらっている。よくあがってくるのが「言うことを聞かない」「課題をしない」「椅子に座らない」。

これらに「死人テスト」をするといい。すべて、死人にもできてしまうものばかりだ。つまり、これらは「行動」ではない。

『でも、実際に「言うことを聞かない」ことに困っています…』という声が必ず聞こえてくる。もう一度問う。私は「どんな行動か」と問うている。さらに言うならば、そもそもが「行動」でないものは、観察できない。そして「分析」もできない。見てもいないものを見たと言う。これでは、まさに幽霊の「行動」を「分析」しようとしているのと一緒だ。なので改めて観察し直して欲しい。そして、実際にその子どもは、あるいはその人は、その時「言うことを聞かない」で、「何をしているのか」を切り出して欲しい。

「教室の中をフラフラしています」。

よい回答だ。「教室の中をフラフラしている」を「死人テスト」してみよう。フラフラと教室内を歩き出す死人はいない。そしてあなたはその姿を観察することができるはずだ。

「行動」とは、「死人にできないこと」を言う。

ワンチームで取り組むためには？

あなたが分析したい「行動」を、チームで共有するためには、「死人テスト」だけでは不十分だ。齟齬が生じることが度々起こる。

チームで「行動」を観察するためには、あなたは言葉のチョイスに気をつけなければならない。

「死人テスト」を通過した「行動」であれば、すぐにでも観察できるはずだ。もちろん、その「行動」が出現すれば、たちまちその映像は、あなたの脳内回路を駆け巡る。

「イマ　フラフラ　ト　ロウカ　ニ　デタゾ…」

これは、あなたが分析しようと思っている「行動」だ。そして、あなたはできるだけ速やかに、今、観察したこの「行動」を記録する必要がある。記憶（きおく）に頼ると、客観的な「分析」はできないものなのだ。

もし、あなた自身が当該の「行動」を独りで観察し、そして記録がとれるのであれば、早速取りかかって欲しい。必ずよい分析に繋げられるはずだ。

ところが現実には、そうもいかないことの方が多い。「行動」を観察できたからといって、すぐさま記録がとれるわけではない。教室の中には他にも子どもがいる。そう、あなたは忙しい。となると自分以外の誰かに、記録をお願いすることが必要かもしれない。放課後等児童デイサービスや家庭での様子も把握したい場合はどうだろう。あなたは、刑事の如く一日中子どもに張り付くことができるだろうか。それは無理だ。観察や記録のためにはパートナーや、チームが必要だ。でも、ワンチームでこれらにあたるとなると、厄介な話もいろいろと出てくる。

「タロウ君がフラフラと廊下へ出て行ったら、このシートに記録してもらえませんか」

学校生活をサポートするために配置された支援員に記録を依頼した。支援員は、あなたのお願いを嫌な顔一つ見せず快諾してくれた。よいチームになる予感がする。

早速、タロウ君は支援員の姿を見るや否や、椅子から立ち上がった。そして一直線に廊下へ向かって駆け出して行く。いつもそうだ。椅子から立ち上がると必ず廊下へ向かう。「ロウカ　へ　デルゾ」。あなたの脳内には、もちろんその映像は駆け巡っている。

支援員も、もちろんその姿を目撃した。が、瞬時にこれに反応し、タロウ君の逃走を阻止してみせた。そしてタロウ君を椅子に座らせ、何事もなかったかのように再び待機した。流れるような動きだ…。

はて?支援員は一体、いつ記録をするのだろう。時間が経てば記憶は薄れる。

「あのぉ…シートへの記録をお願いしたはずなのですが…」

あなたはたまらず、尋ねた。すると支援員は怪訝そうな顔でこう答えた。

「…お言葉ですが、フラフラではなくまっすぐ出て行こうとしました。それと、廊下に出る前に、阻止しましたから。失敗しないんです、わたし」

あなたは確かに支援員に「フラフラと廊下へ出て行ったら」と伝えていた。あなたにとって、授業が始まっているにもかかわらず、何のあてもなく廊下に出て行く様を「フラフラ」と表現してしまったのだ。さらに言えば、タロウ君は廊下へは出ていない。出て行こうとはしたものの、その手前で阻止したのだ。確かに支援員の言う通りだ。

この時、ようやく気がついた。あなたは授業をしている。すぐには対応できない。結局は、廊下に出てから追いかけることになる。だから、かなりの回数の記録が積み上がるはずだ。ところが、失敗しないこのスーパー支援員がいる限り、廊下へ出て行こうとする試みは、ことごとく未遂に終わる。つまり、記録上は一度も出現していない。この記録をもとに分析しても何もわからない。「死人テスト」だけでは不十分なのだ。齟齬が生じないようにしなければならない。では、どう伝えればよかったのだろう。

「椅子から立ち上がり、二歩以上歩いたら、このシートに記録してください」

これならどうだろう。あなたと支援員、ともに同じ瞬間を記録するはずである。ワンチームで「観察」「分析」にあたるためには

齟齬が生じない表現で、観察する「行動」を説明できなければならない。

「行動」の様子を記述するには？

「行動」を「分析」するためには、記述が必要だ。

「行動」と、その「直前」「直後」の出来事の客観的記述が、「基本的な分析の単位」となる。

記述の際には、「行動」の「直前」「直後」の出来事の「時間感覚」が鍵になる。

「分析」のためには、情報が必要だ。

「最近、家庭でもいろいろあったみたいですよ…。家庭で何があったかって？さぁ、詳しくはわからないんですけどね、いろいろあるって聞いてます。ストレスなんですかねぇ、いつもイライラしていて。で、あんな感じで暴れるんですよ」

何という情報だ。話は長いが中身がない。今の内容を「事実」と「憶測」に分けてみた。事実は「あんな感じで暴れた」のみ。あとは暴れる理由（わけ）の「憶測」だ。聞き取りも一つ間違うと「分析」には役立たずだ。

探偵ものや刑事もののドラマには、大抵すっとこどっこいな推理をする助手が登場する。彼らは、この手の「憶測」まみれの情報に、容易に飛びつく傾向があるようだ。彼らの役割は、捜査を混乱させ、事件をより難解なものへと導くことである。その一方で、名探偵、名刑事は事実を積み上げ、事件の真相に辿り着く。ぜひ、あなたには名探偵、名刑事になって欲しい。そして、もし同僚が事実関係も確認せずに「憶測」に飛びつき、当該の「行動」が出現した理由（わけ）を推理し始めたらこう言おう。「すっとこどっこい！」と。

さてもう一つ、やって欲しいことがある。「行動」が出現したら、その様子を記述して欲しい。これがなければ「分析」はできない。その際、当該の「行動」の出現の有無についての記述はもちろん必要だ。これにあわせて必ず記述して欲しいことがある。それは「行動」が出現する「直前」の出来事と、その「行動」が出現した「直後」の出来事についてだ。

「行動が出現する直前ですか。算数の前の授業の時だから、国語の授業でした。えっ、もっと直前？」

そうなのだ。「行動」に近接している「直前」の記述が欲しい。

「行動の直後ですか…これ、理科ですって言ったら怒りますよね。あ、やっぱり。こっちも時間的に近接している？」

そうだ。「直前」「直後」と言われても、時間感覚は人それぞれに違う。

大事なことなので伝えておく。よい分析のためには、「行動」にとって、鮮度のよい情報が必要だ。鮮度がよいとは何か。出現した「行動」と、その前・後の出来事との時差がないということだ。では、「行動」との時差がない出来事の賞味期限はどのくらいか。

実際のところよくわかっていないが、これだけは言える。「行動」の出現から10秒後の出来事よりは、「行動」の出現から5秒後の出来事の方が、「行動」に強い影響を与えている。つまり、「行動」に近い記述ほど、「分析」に有益な情報なのだ。ちなみに、「行動」

の出現から1分以上経ってからの出来事は、「行動」との関連は薄い。鮮度が落ちる。したがって有益な情報にはならない可能性が出てくる。この時間感覚は重要だ。

「もうウンザリ。これ以上は、私、無理だわ！」

そう言うと、彼女は部屋から出て行った。

「ちょっと待ってよ！」

またか。とにかく追いかけねば。相当怒っていたし。何で急にキレんだろう。

『（今朝の朝食にケチをつけたことか？いや洗濯物を裏返しのまま出したことか。それにしても、走ると酔いが回るね。今日は飲みすぎた。「今帰ったぞ〜」なんて言っちゃったし…俺、波平か。プッ、我ながら笑える。明日ケーキでも買って帰るかな。それで機嫌直してもらおう。あれ、どこ行ったんだろ。どうせまたコンビニだろうけど…）』

まったく平和な奴だ。「直前」は波平で、「直後」は追いかけたことだ。鮮度が落ちると原因究明もこの程度だ。まぁ、平凡な毎日がこの先も続くのであればこれもよかろうが。

「憶測」なく「行動」とその「直前」「直後」の出来事を記述する。まずはこれが必要だ。

「行動」の「直前」「直後」の「出来事」が変わると？

あなたの「行動」が変わった。これは意志の力によるものなのか。

応用行動分析学では、そのようには考えない。あなたの周囲で起こる様々な出来事が、「行動」を変えている。行動の「直後」の出来事も、また然りである。

応用行動分析学において、「行動」とその「直前」「直後」の出来事は、「基本的な分析の単位」となる。これは覚えておいて欲しい。

さて、ここではもう少し、この「基本的な分析の単位」の中の「行動」と、その「直前」「直後」の出来事について話を深めたい。

と、その前に、これまでの話を今一度復習しよう。「分析」の進め方の大枠もつかめる。折角なので、アリカワ教授の「どっぺり坂47ファン」疑惑の一件を思い出して欲しい。

「アリカワ教授はテレビのリモコンのスイッチのONを押した」

まずは、「リモコンのスイッチのONを押す」は死人にはできない。「死人にはできないこと」が「行動」だ。なので、これは分析可能な「行動」である。

では、この「行動」はワンチームで「観察」「分析」できるか。これも大丈夫だ。「リモコンのスイッチのONを押す」という記述であれば齟齬は生じにくい。押した瞬間に、「分析」の対象である「行動」が誰の脳内回路にも駆け巡っているはずだ。

それでは「行動」とその「直前」「直後」の出来事について、憶測を排除した「事実」だけを記述してみよう。「事実」とは、とにかくあなたの網膜に映った光景を忠実に記述すれば間違いはない。

「リモコンのスイッチのONを押す」という「行動」から時差のない「直前」の出来事は、「画面に何も映っていないテレビが目の前にあり、手元にリモコンがあった」だ。「リモコンのスイッチのONを押す」という「行動」から時差のない「直後」の出来事は、「テレビの画面がつく」だ。ポンコツテレビでも、せいぜい1秒程度でつく。直後と言っていいだろう。…あれ？テレビがつかない。

今朝は確かについていた。そして昨夜は、例の歌番組を見ていた。一昨日も「リモコンのスイッチのONを押す」という「行動」の「直後」は、画面がついていた。でも、今はテレビの画面には何も映っていない。「直後」の出来事が変わってしまった。

さて、アリカワ教授はどうだ。しばらく繰り返しリモコンのスイッチのONを押している。が、やはりテレビはつかない。するとおもむろに椅子から立ち上がり、テレビに近づいて行った。そうなのだ。別の「行動」が出現し始めた。そして、今度は薄型テレビの縁をやさしく撫で始めたではないか。あまりに想定外すぎる。まさに意味不明だ。まぁ、もともと彼のココロの中など、よくわからない。勝手な憶測はやめておこう。すっとこどっこいになるだけだ。

「何やってんの。掃除？やるならクロスでやって。えぇっ？テレビつかないの？」

アリカワ先生の奥さんだ。彼女は、アリカワ教授が今の今まで押し続けていたリモコンを取り上げると、両手の親指をスイッチのONに一極集中し、そして力を込めて押し始めた。「カッ・チッ」。テレビがついた。

「なんだ、つくじゃない」

そう言うと、奥さんはテレビをOFFにし、そのまま洗濯物を干しに部屋から出て行った。アリカワ教授は、テレビの縁を撫でることをやめた。そして、再び「リモコンのスイッチのONを押す」…。が、やはりつかない。今度は、奥さんがしたように、「両手の親指をスイッチのONに一極集中し、そして力を込めて押した」。「カッ・チッ」。

それからしばらくの間、彼は何度もテレビを消しては、またつけた。でも、今までと変わったところがある。それは「両手の親指をスイッチのONに一極集中し、そして力を込めて押す」ようになったことだ。もちろん、その「直後」に、テレビの画面がついた。

「直前」「直後」の出来事が変わると

「行動」は変わる。

「行動」が「増加」あるいは「維持」していれば？

記録を眺めて当該の「行動」の出現頻度にどのような傾向があるのかを、把握して欲しい。「増えている」「維持している」「減っている」のどれだろうか？

これを把握しなければ、応用行動分析学に基づく「行動」の理解はできない。

「行動」の「直後」の出来事は、「行動」に様々な影響を与えていることは理解していただけたであろう。次に「行動」がどのくらいの頻度で出現しているのか、数えて欲しい。

「えっ、なぜ?」

いや「なぜ」って、それが「分析」には必要だからさ。

ここで質問がある。もし、答えられるのであれば答えて欲しい。

「昨日あなたは、何回、スマートフォンの画面を開きましたか?」

この問いに、「昨日は〇回でした」と直ちに答えられる人はいないだろう。理由は簡単だ。記憶も記録もないからだ。

では、この質問に対してはどうだろう。

「先週と、今週を比べて、スマートフォンの画面を開いた回数は、増えましたか、それとも減りましたか。一ヶ月前と比べてどうです?半年前と比べてみると……」

もういい。このくらいにしておこう。ただの嫌がらせにしか感じられないだろうから。

記録が必要だ。記憶に頼っても「分析」はできない。ちなみに「行動」の増減について答えられなければ、応用行動分析学に基づく「行動」の理解はまったくもって不可能だ。

『いや、でもさっき教えてもらったように「行動」を記述すれば、わかるのでは』

素晴らしい。その調子で読み進めて欲しい。よい読者であるあなたには、もう少しだけ、お話ししたいことがある。

確かに、行動の「直前」「直後」の出来事は、憶測なく記述して欲しい。この記述は、後ほど必ず「分析」に使用する。だから続けて欲しい。それにあわせて、「行動」の出現の頻度がどの程度であるのかも、記録して欲しいのだ。

「えぇ〜！そりゃ、無理だよ」

おそらく、そう言っているはずだ。わかる。私も、とてつもなく多く出現している「行動」であれば「ムリ、嫌！」で片付ける。でも、ここであなたに伝えたいことはそういうことではない。「行動」の記録方法は、第3章でもう少し具体的に触れる。今はできるかできないかの議論はしたくない。しばらく辛抱して聞いて欲しい。

これから話すことは、とても重要なのだ。この本の内容を確実に理解していただくためにも、ぜひ頭の中に留めて欲しい最重要ポイントなのだ。

「行動」の出現頻度、あるいは出現する確率が、「どんどん増加している」、もしくは「高い水準で維持している」場合に、「行動」は「強化（きょうか）されている」と言う。読んで字の如く「行動」が「強くなっている」から、このように表現する。

もったいぶった割に、あまりに普通すぎる。確かにそうだ。でも勘のよいあなたなら、わかったはずだ。

先ほど、私が問うていたのは、このことなのだ。「行動」がどのように推移しているのかを確かめない限り、当該の「行動」が「強化されている」のか、そうではないのかは、わからないはずなのだ。この推移はグラフにすれば一目瞭然。記憶などあてにはならない。

ちなみに「行動」の出現の推移を見て、もしそれが減少傾向を示していたならば、この場合は当該の「行動」は、「強化されている」とは絶対に言ってはいけない。

さらに「行動」が「強化されている」ことがわかったら、「行動」の「直後」の出来事を「強化子（きょうかし）」と名付ける。これもルールだ。ちなみに、この名付け方には、「強化刺激」や「好子」「嫌子」の用語を使って説明されている本もある。できれば、本書では用語の使い方による混乱は避けたい。「強化子」で話を進める。

当該の「行動」が、「増加」あるいは高い頻度で「維持」していたら、

その「行動」は「強化されている」と言い、「直後」の出来事は「強化子」と名付ける。

「正の強化子」、「負の強化子」って「ご褒美」や「罰」のこと？

「正の強化子」を「ご褒美」と言う人がいる。混乱するので、改めて欲しい。

「負の強化子」を「罰」と言う人がいる。これは根本的に誤りである。やめて欲しい。

応用行動分析学を理解するには、別のイメージを持った方がよさそうだ。

記録を見て、当該の「行動」が増加・維持していることが確認できれば、その「行動」の「直後」の出来事は「強化子」と名付ける。この決まりは、頭に入れて欲しい。

さらに「強化子」と名付けられたら、もう一つやってもらいたいことがある。

それは、「強化子」にファーストネームを付けて欲しいのだ。ファーストネームは、「正」の文字を頭につけた「正の強化子」、あるいは「負」の文字を頭につけた「負の強化子」のいずれかだ。この名付け方を、誤って理解している人が多い。ここも要注意だ。

よくある間違いは、この「正」「負」が持つ文字のイメージによる誤りである。例えば、「正」。この文字のイメージは、「良い」イメージなので、「正の強化子」は「良い強化子」、つまり「ご褒美」を意味していると思っている人がいる。これは誤りである。「正」には、そのような意味はない。以後気をつけて欲しい。

同様に「負」についても、文字のイメージが「悪い」。「行動」の直後に「嫌がること」が起こると思っている人がいるが、これも誤りである。

「正」「負」ともに、文字のイメージを抜本的に変えて欲しい。「良い」「悪い」ではなく、「正負の計算」のイメージを持って欲しい。これなら本質を理解してもらえる。

「正負の計算って、一体何が足し算で、何が引き算なのさ?」

まさにそこが大事なところである。「正」とは、「行動」の「直後」の出来事、つまり「強化子」と名付けた出来事が、当該の「行動」を起こしている人に「加わっている様子」を説明したものなのだ。つまり、「足し算」「＋（プラス）」だ。

夏休みの宿題にまったく取り組んでいない子どもがいる。「宿題をする」という「行動」は出現していなかったのだ。ところがある日、なぜか彼は、宿題をした。すると、母親は「直後」に「今日は、頑張っているのね」と言いながら、彼にチョコレートを渡した。その子どもは次の日も、なぜか宿題を行った。すると母親は前日と同じように、またチョコレートを渡した。そして、その次の日も…。記録を見てみよう。「宿題をする行動」は、毎日出現するようになっていた。「行動」は「強化されている」と言ってよいだろう。したがって、その「直後」の出来事は「強化子」だ。

ここで改めて、「行動」の「直後」の出来事を眺めてみよう。「宿題」をすると、その「直後」の出来事は、「母親がチョコレートを渡した」となっている。つまり「行動」の「直後」の出来事は、「行動」を起こしているこの子どもに「加わっている」。なかったものが「加わった」「現れた」「＋（プラス）」された。だからファーストネームは「正」なのだ。

では、「負の強化子」はどうだろう。同じく宿題をまったくしていない別の子どもの例で説明する。母親は、ぐうたらな我が子に痺れを切らし、とうとう凄い剣幕で叱りつけた。「いい加減に、宿題しなさい。このままだと、夏休み最後の日、また家族みんなで徹夜でしょう！」

この子は、急いで宿題に取りかかった。次の日も…ゴロゴロしている子どもに母親が近づく。子どもは慌てて宿題をした。すると、その「直後」、母親は、叱らずに立ち去った。このパターンがずっと繰り返されていた。そしてその都度、「宿題をする」という「行動」は、安定して出現していた。となると、これも「強化されている」ことになる。こちらも「直後」は、「強化子」だ。では、最後の仕上げ。ファーストネームはどうだ。「直後」の出来事は、「母親は叱らない」。「叱る」が「起こらなかった」「取り除かれた」、つまり「－（マイナス）」された。だから「負」なのだ。

「正の強化子」「負の強化子」とは、「行動」の「直後」の出来事が、

行動に「加わっている」のか、あるいは「引かれている」のかを表している。

どのようなものが「強化子」となる？

「行動」が、増加・維持していれば、その「直後」の出来事は「強化子」である。

私たちの生活の中には、「強化子」となっているものがあちこちに転がっている。整理をしてみると、どうやら二種類に分けられることに気がつくだろう。

「宿題終わったら、ゲームを30分だけやっていいよ」

そう母親に言われると、今日は宿題を猛烈な勢いでやり終えた。

普段なら取りかかるまでに1時間はダラダラ。始めたところでさらに1時間。それが、今日はたったの20分で完遂。

その直後、「母親は彼にゲーム機を渡した」。このゲーム機は、昨晩もらった誕生日プレゼントだ。夢にまで見たゲーム機。もちろん、ゲームは友達や従兄弟に借りてやったことがある。それがようやく自分のものになったのだ。この日を境に、宿題をすんなり終えるようになっていった。これで毎日、ゲーム機を手にすることができる。それに不満はない。ちなみに、ゲーム機の管理は親がすることになっていた。それが約束だったから。

と、はじめてのゲーム機の話はどうでもよい。

「宿題を終える」は「死人テスト」を通過する。だから「行動」だ。そして、この「行動」は維持した。つまり「強化された」。となると「直後」の出来事である「ゲーム機が30分間渡される」は「強化子」だ。さて、この「強化子」にファーストネームを付ける。「母親は彼にゲーム機を渡した」。これは、子どもに「加わった」「現れた」「＋（プラス）」された。したがって「正の強化子」と名付けられる。ここで、少し「ゲーム機」について、考えてみたい。なぜ、これが「正の強化子」として機能したのか。

例えば一歳の子どもに、同じことが起こるかどうか想像して欲しい。「バブー」と言った「直後」に「ゲーム機が渡される」と、「バブー」は増加・維持するだろうか？

「それは、ないと思います」

実際に試してみなければわからないが、おそらく私も「ない」と思う。一歳児にとってゲーム機は、得体の知れない四角い箱にすぎないはずだ。では、なぜ先程の子どもにとっては「強化子」となり得たのか。

一つハッキリしていることは、過去に「ゲームをしたことがある」ということだ。未知なるものが直ちに「行動」と強い結びつきを持つということはあまりない。そしてゲーム機は、過去に様々な快楽をもたらしてきた。もとはただの機械の塊だったはずなのだが、それが快楽と一緒になっている。これが続くと、「強化子」として「行動」に影響を与えるようになっていく。つまり、一定の学習を経て「強化子」の類いになった。だから、年齢が幼い時には、「強化子」とはなりにくい。

ゲーム機の話から離れよう。

あなたはキャラバン隊の一員として、砂漠をラクダに乗って旅していたとしよう。物語の世界でしか想定されないシチュエーション。さて、あなたは水筒を持っていない。あなたが重たい荷物を運ぶと、親方が「コップ一杯の水」をくれる。あなたの「行動」は「強化された」。これは想像できるだろうか。

「想像できます」

そう。私も想像できる。これも実際に試してみなければわからないが、「行動」は維持すると思う。何と言っても灼熱の太陽の下だ。喉は渇く。では一歳児が砂漠で「バブー」と言った「直後」に、「水」をほんのちょびっとだけ口に含ませる。「バブー」は「強化される」。これは想像できるだろうか。

「これも想像できます」

今日は、意見が合う。私もそう思う。水を飲まなければ、人は生きてはいけない。食べ物だってそうだ。私たちは生き物だ。学習せずともこれらは「強化子」になり得る。

強化子には、

「学習によりそれになり得るもの」と、「未学習でもそれになり得るもの」がある。

「行動」を分析すること で、見えるものって？

応用行動分析学は、心理学だ。人の心を、「行動」を介して理解する学問だ。

でも、応用行動分析学のことを、人としての温かみに欠けると言う人がいる。

その人達は、きっと、人の「行動」と「心」が繋がる瞬間を知らないだけだ。

「直後」の出来事に「正」「負」のファーストネームを付けるところまでは、機械的に行える作業だ。「憶測」が入る余地はない。

一方、この一連の手続きに、人間味が欠けると言う人がいる。私は、大学で教鞭を執る前、福祉の現場で心理屋をやっていた。そこでは、「オウヨウコウドウブンセキガク?あぁ、あの全然ココロが感じられないやつね」とか、「それイルカの調教でしょ」などと言われ続けてきた。そのため、隠れキリシタンの如く、職場では隠れて本や論文を読み、ボランティア先の親御さん達の協力を得て、密かにデータをとらせてもらい研究を続けた。その時書いた論文で、某学会から論文賞をいただいたこともある。その時でさえ、周囲には一切黙っていた。かといって、臨床の中では応用行動分析学を、それとはわからぬよう言葉を駆使し活用し続けた。徹底した隠れ具合だった。もちろんさりげなく理論に基づくアプローチを同僚達と検討した。この時気がついた。彼らは、ただの食わず嫌いなだけだった。もちろん私が何を食べさせていたのか、最後まで気づかなかったはずである…。

人間味がなく、人のココロが感じられないと言っている人に言いたい。

応用行動分析学では、人の「行動」の「分析」を極めて機械的に行う。確かにココロはないかもしれない。しかし、その本質は限りなく人間くさい。多くの応用行動分析家は、時にわけがわからん「人の行動」について、その理由（わけ）を科学的に探りあて、その人の「想い」に共感しようと試みる。このツンデレ具合は、まさにCool。

「機械的に分析が進められるツンはわかった。で、人間くさいデレってどういうことなの」。そこが重要だ。今、あなたは、「正の強化子」「負の強化子」の意味がわかっている。これを名付けた時点で、ようやく「行動」にどのような理由（わけ）があったのかわかる。「行動」が出現すると「直後」の出来事は「加わっていた」とする。これは「正の強化子」だ。これを、実際に「行動」を起こしている側、つまり子どもの側から眺めてみる。彼らからすれば、「正の強化子」を「得た」ことになる。「行動」の「直後」の記述を再度確認して欲しい。「正の強化子」と名付けたからには、おそらく、そこには、何らかの「物」や、「活動」、あるいはあなたの提供する何らかの支援、周囲の友達からの関わりを、当該の子どもが「得た」様子が書かれているはずだ。

もう少し具体的に説明する。自分の履いていた「靴を度々放り投げる」子どもがいる。この「行動」は「強化されている」。「直後」の出来事は、「担任が駆け寄り」「投げちゃダメと言いながら、靴を履かせる」だ。これらは、この子どもに「加わっている」。だから「正の強化子」だ。つまりこの子どもは、この「行動」により、「担任に来てもらって、投げちゃダメと言ってもらい、靴を履かせてもらう」を「得ていた」のだ。

「もう、だったら投げなくてもいいのに。そんなことしなくても、側に行くからさ♡」

わけがわからない「行動」にも、ちゃんと理由（わけ）がある。応用行動分析学は、それを探るための学問だ。「分析」により、その「行動」の理由（わけ）がわかった時に、

「もう…そんなことしなくてもいいのに」と「デレ〜」とした気持ちが湧いてくる。

では「負の強化子」はどうだろう。これも、「直後」の出来事は「起こらなかった」「取り除かれた」という記述だ。これを子ども側から見てみよう。当該の「行動」をすることで、「物はどこかへ消えていった」、活動は「せずに済んだ」、あるいは、あなたや周囲の人の「関わりがなくなった」ことになる。何とかして「逃げよう」「回避しよう」としていた健気な想いに気づく。「そうまでして、逃げたかったの（涙）」と切なくなってくることだろう。あなたと、子どもの「心」が「行動」を介して繋がる瞬間だ。

「行動」を「分析」することで

「心」が繋がる。

「強化子」がなくなると、「行動」はどうなる？

「行動」の「直後」の「正の強化子」「負の強化子」がなくなると、行動は「消失」する。これを「消去」と言う。

実はこの「消去」により、ある現象が起きることがわかっている。

でも、これが実はあまり知られていないのだ。

「行動」が増加・維持していれば「行動」は「強化されている」。そして、その「直後」の出来事の様子を見て、あなたは「正」「負」のいずれかのファーストネームを付けた。

では、ここで質問。

「正の強化子」と名付けたからには「行動」は増加・維持し、「直後」の出来事は「加わっていた」「現れていた」「+（プラス）」されていた。では、これらが「加わらない」「現れない」「+（プラス）されない」と、その後の「行動」はどうなると思いますか？

「負の強化子」と名付けたからには、「直後」の出来事が「起こらない」「取り除かれた」「−（マイナス）」されていた。これも「直後」の出来事が「起こってしまう」「取り除かれない」「−（マイナス）されない」と、「行動」はどうなると思いますか？

「行動」は、減少し「消失」へと向かう。これを応用行動分析学では「消去」という。

「行動」は、「正の強化子」「負の強化子」により、増加・維持している。つまり「強化子」がなければ「行動」は増加・維持しないのだ。

少し、思考実験をしてみよう。

あなたが自動販売機の前に立っている。そして、お金を入れた。すると、販売機のボタンが点灯した。あなたは、点灯するボタンのうちの一つを「押した」。すると、販売機からジュースが出てきた。

さぁ、これを今まで学んできたように、機械的に整理する。ここで「分析」の対象とする「行動」は「点灯するボタンを押す」だ。

まずは死人テスト。「点灯するボタンを押す」は死人にはできない。だから、これは「行動」である。そして、この「行動」の記述は、ともに分析をするチーム内でも、齟齬は生じにくい記述になっている。

次に「直前」「直後」の出来事はどうなっているのか観察してみよう。どちらも「行動」に時間的に近接している出来事を記述してみる。すると「直前」は、「ボタンが点灯する」だ。そして「直後」は、「ジュースが出てくる」となるはずだ。

では、実際に「行動」はどのくらいの頻度で出現しているだろうか。おそらく、自動販売機の前に立つと、かなりの確率で「点灯するボタンを押す」はずだ。ということは、「行動」は「強化されている」ことになる。となると、「直後」の出来事は「強化子」だ。

さぁ、最後の仕上げだ。「強化子」にファーストネームを付ける。これは「直後」の出来事が、「＋（プラス）」されているのか「－（マイナス）」されているのかを示すためだ。

今回の「直後」の出来事は「ジュースが出てくる」だ。これは、あなたにジュースが「加わった」「現れた」「＋（プラス）」されたことになる。だから「正の強化子」となる。

では「消去」。つまりこの時、「ジュースが出てこなかったら…」どうなるか。

先程も述べた。「行動」は「消失」へ向かう。でも、ここで、引っかかって欲しい。直ちに「消失」するとは一言も言っていない。さらに想像力を働かせよう。多くの読者が、きっと次のような姿を思い浮かべたに違いない。

「ジュースが出てこなかったら、しばらくはキツツキみたいに、ボタンを押し続けるかな、多分…。それでも出てこなかったら、別の点灯しているボタンを押すと思う。それでも出てこなかったら？ う〜ん、もしかしたら販売機を叩くかも。えっ、それでもジュースが出てこなかったらって？ もうジュースは諦めるね」。やっと「消失」した。

そうなのだ。「消去」をしたからといって、「行動」は「直ちに消失」しない。それどころか、一時的に「増加する」、あるいは「攻撃的な行動」が出現することもある。

「強化子」がなくなると、「行動」は、

「消失」へと向かう。ただし「直ちに」ではない。

「行動」が減少していることを何と言う?

応用行動分析学では、様々な専門用語が使用されている。この用語により、共通した理解が可能になる。

ところが、この専門用語は、実際の生活の中での意味と、学問上での意味が異なることがある。「罰」という用語がその一つだ。

応用行動分析学の話は、このあたりから段々と混乱してくる。なので、可能な限り噛み砕いて話をしていきたい。そのためにも、少し話を前に戻そう。

あなたは「行動」の記録を眺めてみた。当該の「行動」が、増加・維持していれば、その「行動」は「強化されている」。その「直後」の出来事は「強化子」であり、さらにファーストネームを付けて「正の強化子」「負の強化子」のいずれかを名付けた。そうなのだ。これまでは「行動」が増加・維持している場合の話をしてきた。でも記録を眺めると「行動」は常に増加・維持しているとは限らない。当然、減少していることもある。この場合は、どのように「分析」すればよいのだろうか。実は、まだ具体的には一度も触れていなかった。なので、説明しよう。

あなたは、既に当該の「行動」の出現頻度などを記録していることだろう。もちろん、記録は「行動」の出現の様子、つまり推移を見るために役立つ。グラフになっているとよいだろう。「折れ線グラフ」がオススメだ。

さぁ、グラフを眺めてみよう。すると「行動」の出現頻度は減少している。「行動」が増加・維持していれば、「行動」は「強化されている」。ところが今回の推移は減少している。だから「強化されている」とは言えないのだ。

そこで、新しい用語に登場してもらおう。

「弱化（じゃっか）」だ。

「行動」は「弱化されている」。「弱くなっている」という字の意味する通りだ。「行動」が「弱化されている」のであれば、「直後」の出来事も自動的に「弱化子」だ。ここは、「強化子」と同様の考え方だ。つまり、「行動」が増加・維持していれば「行動」は「強化されている」、減少していれば「行動」は「弱化されている」。

この「弱化」という用語を使用するにあたっては、知っておいてもらいたいことがある。

実は、この「弱化」という用語は、比較的最近になってよく使用されるようになった用語だ。では、これまでは、どのような用語が使用されてきたのか。「罰」「罰子」という用語が使用されてきた。応用行動分析学は、アメリカで誕生した学問だ。今、私がここで使用した用語である「弱化」はPunishment、「弱化子」はPunisherという用語が使われている。これを日本語に訳せば「罰」「罰子」ということになろう。さて、「罰」という用語からあなたは何をイメージするだろうか。

「悪いことをしたら、罰せられる」。このイメージが湧いてくるはずだ。私たちは「悪いことをしたら警察に捕まっちゃうよ」と教えられてきたからだ。「罰」と聞けばおそらくは、刑罰などが思い浮かぶことだろう。ところが、このイメージが厄介なのだ。

ある男がいた。この男、たいそう腹が減っていた。が、ポケットの中にはパン一つ買うお金もない。つい出来心で目の前にあるパンを懐にそっと…。彼は、その「直後」、私服警官に身柄を拘束された。この一件があって以降、彼は二度と窃盗はしていない。「行動」は「弱まった」。警官に身柄を拘束されたことは「罰」として機能していたことになる。

ところが、世の中にはいろいろな人がいる。例えば別の男。ポケットの中には一円もない。そこで目の前のパンをちょっと拝借…。牢屋に入れられた。罰を受けたのだ。ところが、保釈後、度々パンを拝借しては牢屋にすぐに戻った。これを繰り返していた。

『ハテ？罰を受けたはずだが、「行動」は維持している。となると「強化されている？」』。いやいや、牢屋に入ることは「罰」のはずだが…あれれ？』

頼む。これ以上、考えることはやめてくれ。「罰」という用語により、混乱している。この本ではこの混乱を避けたい。だから使いたくない。なので「行動」が減少していたら、

「行動」は「弱化されており」、その「直後」の出来事は、「弱化子」と言う。

「弱化子」にも、「正」「負」はあるのか？

「弱化子」は、まずもって望まれない「出来事」だ。でも、ここでは、こうした解釈はしない方がよい。なぜなら、分析を誤るからだ。

そして「正」「負」の名付け方も、機械的に行った方がよい。なぜなら、混乱せずに済むからだ。

「行動」が減少していた。となると「行動」は「弱化されている」。その「直後」の出来事は「弱化子」だ。ここから先の手続きは「強化子」の場合と同じ、ファーストネームを付けることになるわけだ。考え方も、まったく同じと考えてよい。「正」「負」には、「良い」「悪い」という意味はない。あるのは「正負の計算」のイメージだ。

「行動」の「直後」の出来事が、「行動」を起こしている人に「加わる」「現れる」「＋（プラス）」されていれば、これは「正」と名付けられる。あるいは、「行動」の「直後」の出来事が、「行動」を起こしている人から「取り除かれた」「－（マイナス）」されていた。この場合は、「負」と名付けられることになる。

早速、「分析」してみよう。「分析」する「行動」は、子ども達が「授業中、勝手なおしゃべりをする」としよう。「おしゃべり」は死人にはできない。これは「行動」だ。でも、この記述は齟齬が生じそうな気もする。もう少し具体的に記述した方がよさそうだ。「授業中に質問への答え以外に声を出す」でどうだ。これなら齟齬はないだろう。あなたが、子ども達に何の問いも発していないのに、子ども達が声を出した。誰もがその「行動」が出現した瞬間、「あっ、勝手なおしゃべりをした」と記録できるだろう。

子ども達の半分以上が、この「行動」を日常的に繰り返しており、あなたにとっては困った「行動」だ。

ある日のこと、いつものように半数以上の子ども達が「授業中に質問への答え以外に声を出した」。あなたは、その「行動」が出現した「直後」、とても強い口調で「うるさい！といつになく大きな声で怒鳴りつけた」。子ども達は、一瞬で「授業中に質問への答え以外に声を出す」ことをやめた。そう、「行動」は「弱化された」のだ。凄い効果だ。

「行動」が「弱化された」ことがわかったので、ファーストネームを付けよう。「直後」の出来事は、「うるさい！といつになく大きな声で怒鳴りつけた」ことになる。これは、子ども達に「加わっている」「現れている」「＋（プラス）」されている。だとすれば「正」だ。「正の弱化子」なのだ。ここでいろいろな思いを巡らすと大抵、混乱する。だから機械的に名付けた方がよい。

さて、こちらはある家庭でのお話。

今や喫煙できる公共の場所は限りなくゼロになった。その分、多くの喫煙者は、家に帰るやスパスパ、モクモクだ。よし「行動」は、「タバコに火をつける」としよう。このままでは家族の受動喫煙問題は一向に解決しない。妻は、夫に家族会議の決定事項を伝えた。「タバコを吸っても構わない。ただし、家庭内でタバコに火をつけたら千円徴収します」

もちろん、夫は抵抗した。が、このままスパスパ、モクモクするのであれば、家族は別居すると言う。吸ってもよいと言ってもらえただけまだマシだ。

ある日の夕食後、夫がタバコに火をつけた。まさに身体が勝手に動いてしまったとしか思えないくらい、何のためらいもなく、普通に火をつけた。

その「直後」、妻は黙って、貯金箱を差し出した。仕方ない。夫は硬貨しか入らない貯金箱の投入口に、持っていた千円札をねじ込んだ。以降、家庭での喫煙回数は、確実に減少していった。つまり「タバコに火をつける」は「弱化された」。

では、ファーストネームはどうだ。「タバコに火をつける」の「直後」の出来事は、毎回持っていた千円が「徴収される」ことだ。持っていたものを「取り除かれた」「－（マイナス）」されたのだ。となると、ファーストネームは「負」だ。したがって、「負の弱化子」ということになる。

「弱化子」も、「強化子」と同じように、「行動」の「直後」の出来事が

「＋（プラス）」されていれば「正」、「－（マイナス）」されていれば「負」となる。

「弱化」か、それとも「消去」か？

難問だ。どちらも結果的に「行動」は「消失」へと向かう。そう、結果だけ見れば同じだ。

でも「行動」が「消失」へ向かうまでの経過は明らかに異なっている。第一、用語を使い分けている。どこかに違いがあるはずなのだ。

架空の時代劇だ。架空でなければ書けない内容だ。同居人への暴力を繰り返す男の話だ。この男、無職である。特に働くでもなく、ある女の家に転がり込んでいる。まぁ、ヒモだ。この男、遊ぶための金がなくなると、女に暴力を振るう。

おっと、この本は応用行動分析学の本だ。これでは「分析」できない。こうしよう。「行動」は、「女に罵声を浴びせる」としよう。まったく酷い男だ。この「行動」の「直後」の出来事はどうなるのか。女は、「金を渡していた」のだ。ちなみに、「女に罵声を浴びせる」ことは、日常的に起こっていた。つまり、この「行動」は「強化されている」。そして、この「行動」を起こすと、「直後」に、女は「金を渡していた」。これは「強化子」だ。心理的な暴力を振るっている男に「金」が「加わっている」。紛れもなく「正の強化子」だ。

女は、井戸端で隣人に相談した。

「金を渡す、あんたが悪いよ」

身も蓋もないアドバイスだが、確かに一理あると女は思った。早速、男が「女に罵声を浴びせる」ことがあっても、金は渡さなかった。そう「消去」の手続きに入ったのだ。

男はどうなったか。罵声を浴びせることをやめるどころか、その「行動」はエスカレートした。しまいには、ちゃぶ台をひっくり返し、手にした物を手当たり次第投げつけてきた。それでも女は、金を渡さなかった。男はとうとう諦めた。しばらく、こんな日々が続いた。時に激しく暴れ出すこともあったが、「行動」は確実に消失へ向かった。

平穏な日々が続いていたそんなある日。男は突然、「女に罵声を浴びせた」のだ。女は焦った。そして、ついうっかり金を渡してしまったのだ。その日を境に、再び「女に罵声を浴びせる」ことが始まった。あっけないものである。

さて困り果てた女は、奉行所に訴えた。近山の銀さんと呼ばれるお奉行の裁きは、「男、この女に罵声を浴びせるなどしたら、その方から有り金すべて奉行所が預かることといたす。よいな。これにて一件落着！」

実際のところどうなったか。男は、銀さんの名裁きなど内心、何とも思っていなかった。いつものように「女に罵声を浴びせた」。すると「直後」、岡っ引きが現れ、男に「有り金すべて出せ」と迫った。話ができすぎているが、まぁ、作り話だ。付き合って欲しい。

以降、男は「女に罵声を浴びせる」ことはなくなった。「弱化された」のだ。「直後」の出来事は、「有り金をすべて取り上げられた」。すなわち「負の弱化子」だ。

「消去」と「弱化」は同じことなのか。いや違う。今の話をもう一度読み返して欲しい。

まずは「消去」だ。「女に罵声を浴びせる」ことをしても、男には「正の強化子」である「お金」は渡されなかった。おかげで女はエラい目にあったが、その後「行動」は消失へと向かった。

一方、奉行所の決定の後、男は「女に罵声を浴びせる」と、「直後」に「お金を取り上げられた」。この時、速やかに「行動」は消失していた。こちらは「負の弱化子」だ。

どちらも話としては同じように聞こえる。一体、どこが違うのか。

まず「消去」は「強化子」により、「行動」が「強化された」履歴があり、その上で、「強化子」を操作している点で「弱化」とは違う。さらに「消去」、すなわち「正の強化子」なら「+（プラス）」しない手続きをしても、「行動」は直ちに消失しない。それどころか「行動」は一時的に増加に転じ、さらによからぬ行動は出現しやすくなる。これらを経た後、ようやく「消失」へ向かうのだ。ところが「弱化」の場合はどうだ。こちらは速やかに「行動」は減少に転じた。ここが決定的に違う。「弱化」なのか「消去」なのかは、

「行動」の消失までの過程により異なる。

「直前」の出来事は「行動」にどう影響するのか？

「行動」は、その「直後」の出来事により、増加・維持する、あるいは消失していくことになる。

ではその「直前」の出来事は無関係なのだろうか。いや関係はある。それどころか「行動」の出現において、重要な役割がある。

少し前の話になるが、思い出して欲しい。私は、あなたに『「行動」から時差のない「直前」「直後」の出来事を記述するように』と話した。「直後」の出来事と「行動」の関係は、ここまで時間をかけて説明した。でも「直前」の出来事についてはまだ話していない。ここからしばらくは、「直前」の出来事について話そう。その前に一つ質問がある。

「あなたはなぜ、信号が青の時に渡り、赤の時は止まるのか」

この問いへの答えには「小さい頃教わったから」「車にひかれちゃうから」と返ってくることが多い。

そう、私たちの多くが、それを、親を含む大人に教わった。その通りだと思う。でも「信号、赤だったら止まれだよ」と教わったから、止まるようになったのだろうか。それはちょっと怪しい。実際に「車にひかれちゃった」人は、確かに「弱化される」だろう。でも、そのような経験をしている人は圧倒的に少ないはずだ。

折角だ。二歳のちびっ子の「行動」を少し、分析してみよう。「行動」は「横断歩道の最初の白線から最後の白線までを歩く」としよう。白線の間隔は45㎝程なので、ちびっ子の歩幅でいえば、最初の一歩を踏み出し、さらにもう一歩、足を踏み出すと、この白線を一つ跨ぐことになる。

ちなみに私たちは、日常的にこの「行動」を繰り返している。となると「横断歩道を渡る行動」は、「強化されている」と言っていいだろう。

さて、この「行動」の「直後」の出来事は、「向こう側の歩道に到達する」である。これは「行動」を起こしている人に「+（プラス）」されている。なので「正の強化子」だ。

それでは、このちびっ子の「行動」を観察してみよう。ママはしっかりとちびっ子の手を握っている。ただ、どう見ても、「ママがちびっ子を連れている」とは言い難い。明らかに「ちびっ子に連れて行かれるママ」になっている。まぁ、そういう年齢だ。仕方ない。

さて、このちびっ子、この勢いのまま横断歩道に足を踏み出そうとしているではないか。ママは慌てて立ち止まる。それどころか、ちびっ子の身体を引き寄せた。完全にこの「行動」を阻止したのだ。するとどうだ。ちびっ子は、全身で「イヤイヤ！」と抵抗した。何としても渡ろうとする。ママはもちろん阻止する。

ところがである。ある瞬間から、そうした状況は一変した。信号が「青」になったのだ。ちびっ子はママに阻止されない。そのまま「横断歩道の最初の白線から最後の白線までを歩く」。そしてその「直後」、「向こう側の歩道に到達した」。

もうお気づきだろう。信号が「赤」であっても「青」であっても、ちびっ子は「横断歩道の最初の白線から最後の白線までを歩く」ことを始めている。ところが信号が「赤」の時には、それをママに阻止された。したがって「向こう側の歩道に到達する」ができない。これは「消去」だ。ちびっ子は、「イヤイヤ！」と抵抗した。「消去」には、こうしたことが付きものなのだ。この経過を経て、「行動」は消失へと向かう。

ところが信号が「青」に変わるとどうだ。途端に「横断歩道の最初の白線から最後の白線まで歩く」ことができる。「直後」には「正の強化子」である「向こう側の歩道に到達」できた。つまり「青」の時は、この「行動」は「強化される」ことになる。

これらのことが生活の中で繰り返されると、どうなるのだろうか。「横断歩道の最初の白線から最後の白線まで歩く」ことは、信号が「赤」の時は消失し、逆に「青」の時は、「強化される」ことになる。つまり「行動」の「直前」の「赤」「青」により、「行動」が起きたり、起きなかったりするようになる。これを「弁別」という。

「弁別」により、「行動」の「直前」の出来事が

「行動」を起こすきっかけとなる。

「直前」の出来事が「似ている」と、「行動」は？

「行動」の「直前」の出来事は、「行動」が「強化される」あるいは、「弱化される」を繰り返し、いずれ「弁別」が起こる。

ところが、実際の「行動」の「直前」の出来事は、物理的にまったく同じとは限らない。

「赤」なら止まれ、「青」なら進め。あなたは、大人にそれを教わった。でも、それが「強化」や「消去」によるものだとは考えてもみなかったのではないか。私たちの生活は、応用行動分析学で解き明かされた「行動」の原理で説明できる。一つ一つの「行動」をこうして眺めてみるのもなかなか楽しい。

歩行者用信号機が「赤」の時は横断歩道を渡る「行動」は「消去」され、「青」の時は「強化される」。実際に渋谷のスクランブル交差点をビルの上から眺めてみた。一斉に人が動き出し、そして一斉に足を止める。社会秩序のようなものが保たれている感じがする。

さて信号機については、もう少し説明を付け加えたい。というのも私たちは、日本中で信号機を見ることができる。どこへ行っても、「赤」なら止まれ、「青」なら進め。でも、ここで一つの疑問が湧いてくる。私たちがちびっ子の時に、横断歩道の渡り方を教わった信号機の数は、実際それほど多くはない。せいぜい散歩の際に渡るご近所の信号機くらいだ。それがいつの間にか、日本中のすべての信号機の渡り方を知っている。なぜ、他の信号機でも私たちは「赤」なら立ち止まり、「青」ならば渡り始めるようになったのだろう。

「それはルールとして、大人に教わったからだ」

という答えが返ってきそうだ。確かにそれもある。ただ残念ながら先程例にあげたちびっ子には、まだ交通ルールという概念はない。ではなぜなのだろう。

なかなか説明が難しいが簡単に言ってしまえば「似ている」からだ。日本全国、歩行者用信号機は、「だいたい同じ」だ。「歩行している人」「直立している人」の絵があり、それぞれが「赤」「青」に点灯する。

とは言っても、すべての信号がまったく同じかというと、実はそうでもない。最近はLED式が普及している。だから、信号の点灯もクッキリ、ハッキリしている。なぜLED式はクッキリ、ハッキリなのか。それは「歩行している人」「直立している人」の絵が、それぞれ「赤」「青」に点灯し、背景色が黒だからだ。ちなみに電球式は、背景が「赤」「青」に点灯し、人の絵の色は白色だ。この違いに気づいていない人は意外に多い。

つまり、私たちは異なるものを見ている。にもかかわらず、全国で同じ反応をしていることになる。それはなぜか。「だいたい同じ」だからだ。抽象的な表現しかできないが、少し思考実験してみよう。

歩行者用信号機があるはずの場所に、六角形のカタチをしたボードがあったとする。このボードは上下に区切られ、それぞれにあの有名アニメ「ボケモノ（架空のキャラクター）」のキャラクターであるピカニャンが上半分に、ミョウが下半分に描かれている。そしてピカニャンは黄色に、ミョウは白に点滅する。この点滅は信号機と同じように一定の時間で入れ替わる。さて、あなたはどうするか。おそらく歩き出さないし、止まれない。ただアタフタしていることだろう。では、もしも上半分のパネルに「ピカニャンが歩いている」絵が点滅し、下半分に「直立するミョウ」が点滅したらどうなるか。ピカニャンの点滅時に歩き出すかもしれない。それでは、どちらのキャラクターも直立しているが、ピカニャンがオレンジ色に点灯し、ミョウが薄い水色に点灯したならばどうか。おそらくピカニャンが点灯した時に立ち止まるだろう。「だいたい同じ」の「程度」が本来の歩行者用信号機により近いと、「行動」は起きやすくなる。このような現象を「刺激般化」と言う。

ただしである。この「行動」が正解かどうかはわからない。それこそ「直後」の出来事によって変わってくる。「ミョウ」が点灯して「向こう側の歩道に到達する」ことで、「強化される」はずだ。ただし到達できなければ…やめよう。これ以上は必要なかろう。

「直前」の出来事が、類似していることで当該の「行動」は、

出現しやすくなる。

応用行動分析学に基づき「行動」の分析を始めるには？

ここまで応用行動分析学の「きほん」を学んできた。「では早速、分析を始めてください」。そう言われても、直ちに取りかかれるものでもないだろう。

重要なことは、一つ一つの手順が頭の中で整理されていなければならない。

応用行動分析学の「きほん」をお話ししてきた。分析の手順を一度まとめておこう。

まず、応用行動分析学は人の「行動」の原理に基づき、人の心を理解する学問であること。ここで取り扱う「行動」とは「死人にできないこと（死人テスト）」を言う。この「行動」の定義に従って、観察する「行動」を記述しなければならない。この際、チーム内で齟齬が生じない記述を心がけて欲しい。

ここまでが準備だ。この準備が終わった後は、「記録」に取りかかって欲しい。応用行動分析学は、この記録がないと実は何も「分析」できない。そしてこの「行動」がどのような推移を辿っているのかを把握する。「死人テスト」を通過した「行動」であれば、グラフがかけるだろう。

あわせて「行動」を観察し、「行動」の「直前」「直後」の出来事を記述して欲しい。この時に気をつけてもらうことは二点ある。一点は、「記述」はあなたの目の網膜に映っている出来事を、そのまま記述することだ。そして、もう一点は、「直前」「直後」の時間感覚だ。「行動」に1秒でも近接している出来事を記述して欲しい。

さぁ、ここからがいよいよ分析となる。「行動」が出現している推移を眺めてみよう。もし「行動」が増加・維持していれば、「行動」は「強化されている」。そして先程記述した「行動」の「直後」の出来事は「強化子」だ。もし逆に「行動」が減少していたら、その「行動」は「弱化されている」。この場合、「行動」の「直後」の出来事は「弱化子」だ。

そして、もう一つ大事なことが残っている。それは「強化子」「弱化子」ともに、「正」もしくは「負」のいずれかのファーストネームを付けることだ。この時、気をつけてもらいたいことは「正」「負」の文字が持つイメージに騙されないことだ。「正」には「良いこと」「ご褒美」などという意味はない。「正」は、「行動」の「直後」の出来事が、「行動」を起こしている人に「+（プラス）」されている様を表している。同様に「負」には「悪いこと」「罰」などの意味はない。「負」は、「行動」の「直後」の出来事が、「行動」を起こしている人から「−（マイナス）」されている様を表している。

ちなみに「行動」が「強化されている」場合に、「正の強化子」であれば「+（プラス）しない」、「負の強化子」であれば「−（マイナス）しない」ことを「消去」という。「消去」の手続きをとり続ければ「行動」はいずれ消失へと向かうが注意が必要だ。「消去」の手続きに即効性はない。消失へ向かう過程では、行動が一時的に増加する。場合によっては攻撃的な行動が出現しやすくなる。このことはぜひ知っておかなければならない。

そして、最後に「行動」の「直前」の出来事についてである。「行動」は、「強化子」により、「強化される」、あるいは「弱化子」により「弱化される」。この時、「行動」の「直前」の出来事は、「行動」を起こす、あるいは起こさない「きっかけ」となっていく。この「直前」の出来事が存在する時に「行動」が出現し、存在しない時には「行動」が出現しなくなることを「弁別」と言う。ちなみに、「きっかけ」となる出来事や物は、常にまったく同じとは限らない。でも、それが「似ている」と、「行動」が出現することがある。これを「刺激般化」と言う。

ちなみに「行動」の「直前」の出来事と、「行動」、そして「行動」の「直後」の出来事の結びつきを「三項随伴性」と言う。これが「基本的な分析の単位」となる。この先の第2章、第3章の内容を理解していただくためには、この章の内容を何度も確認して欲しい。

さぁ、いよいよ教室の中のあなたの「行動」、そして子ども達の「行動」を分析していこうと思う。ここまで読み進めてこれたのだから、きっと大丈夫。

えっ、「まず何から始めたらよいか?」って? それを今話してきたところではないか。

応用行動分析学の「きほん」に、忠実に従うことだ。

第2章

教室の中の「応用行動分析学」

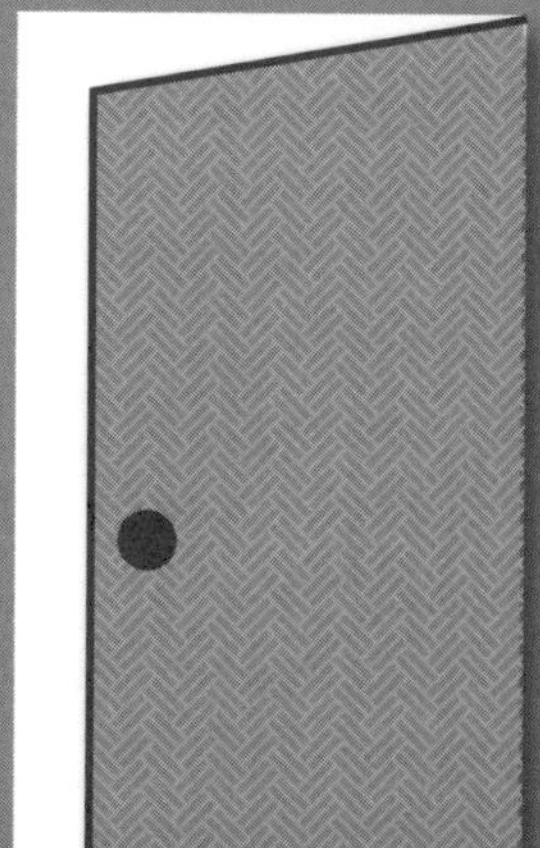

「なぜ」、その「行動」を分析するのか？

教室の中の子ども達の「行動」にも「理由（わけ）」がある。それを知るための応用行動分析学だ。

でも「なぜ」、その「行動」を分析するのか、一度は考えよう。あなたの「困った」を解決できればよいというものでもないはずだ。

『あなた以外の誰かの「行動」を分析してください』

応用行動分析学の講義で、学生に課しているレポートだ。学生達が分析の対象にあげてくるのは、恋人、きょうだい、そしてお父さんの「行動」。女子学生が多いこともあるのだが、それを読むとなぜかお父さんは、家庭では「困った行動」をやらかしているらしい。お父さんが外でどれだけ頑張っているのか、この学生達は知っているのだろうか。

これが成人の福祉施設になると、サービス利用者さんの「行動」が多くあげられる。例えば「深夜に、廊下の照明をつける」というもの。他の利用者さんの睡眠を妨げることがその理由だ。職員は、その度、注意をしているそうだ。でも改善するどころか、ますます酷くなっているという。「行動」は増加・維持しているらしい。ということは、この「行動」は「強化されている」。もっともこのサービス利用者さんが一人暮らしをしていれば、これはそもそも問題にはならない。誰にも迷惑をかけていないのだから。

「いやいや、何を言っているんですか。二酸化炭素の排出量、増やしていますよ。地球温暖化の問題をどう考えているのですか。世界中の人に迷惑をかけています」

なるほど。私も電気をつけたまま寝落ちする。誰にも迷惑をかけていないと思っていたが、世界中の人に迷惑をかけていたとは。気をつけねば。そう思った矢先、早速昨晩も照明をつけたまま、さらにはネットラジオをつけっぱなしで寝落ちした。反省しきりだ。とりあえず今晩からはネットラジオにはタイマーをセットすることにしよう。

さて学校や幼稚園、保育園では子どもの様々な「行動」があがってくる。同僚の「行動」を「分析」したいとは公の場ではあがらない（個人的に相談されることは多々ある）。「困った行動」を「分析」するよりは、「ステキな行動」を分析する方が、応用行動分析学を学ぶ上では、役に立つ。ところが、まずもって「ステキな行動」は「分析」の対象にあがらない。「ステキな行動」を分析するゆとりがないのだろう。あがってくるのは「対人トラブル」や「集団行動からの逸脱」、そして「授業妨害」などなど。日々、これらの指導に追われているようだ。それはそうだ。子どもは、みんな未熟だ。「困った行動」がない子どもなどいない。だからこそ教育や保育がある。

「でも、いくら指導しても言うことを聞かないんです。どうしたらいいですか?」

残念なことを伝えなければならない。既に第1章でも書いた。「言うことを聞かない」は、死人テストを通過できない。なぜなら、死人でもできるからだ。

「何とかしたいのです。何でもしますから!」

『ならば、まずは分析の対象とする「行動」を具体的に記述しましょう。そして、その

『「行動」の理由（わけ）を一緒に探りましょう』

この提案に、おそらくは私よりも年上であろうこの教員は、まるで救世主でも見るかのような眼差しを向けてきた。ここから先の手続きは、第1章の内容だ。応用行動分析学は、人の「行動」を分析の対象としている。人であれば手続きはすべて同じだ。おかげで期待に応えることができた。「行動」の理由（わけ）がわかったのだ。もちろん、そこから導き出せる対応についても一緒に考えた。子どもの「困った行動」は消失した。

「これからはステキな行動を分析したいですね」と話し、本件を終えようとしたところ

「えっ？オウヨウコウドウブンセキガクって、行動問題を解決するためのモノですよね」

こういうことを言う人は多い。「それだけではないですよ」と言いかけたその時、

「今度はこっちの困った行動を何とかしたいのですけど。何とかなりますよね？」

この教員に関わるのはもうやめよう。「困っている」のは子どもの方だ。あなたではない。

応用行動分析学は、「行動」の「理由（わけ）」を知るためにある。

その対応で、みんなの人権は守られているか？

「行動」を「分析」することで、人を理解できる。それが、その人のハッピーに繋がるのであればなおさら喜ばしい。

でも、時に誰かのハッピーが、他の誰かのアンハッピーになることもある。それでよいのだろうか？

人には人権がある。もちろん、あなたにもあるし、私にもある。応用行動分析学は、人の「行動」の原理をもとに、あなたの周囲の様々な人の理解をより深める。一人一人の「行動」の「理由（わけ）」を探ろうとすることは、既に人権への配慮がなされているとも言える。でも、これを教育現場や福祉現場の、様々な支援や援助に活用するとなると注意が必要だ。特に「行動」の理解をする時以上に、人の「行動」に何らかの手を加えようとする時にはなおさらだ。

さて児童虐待、高齢者虐待、障害者虐待が法的に禁止されている。禁止されているから「やってはいけない」。そう肝に銘じることも大事だが、もう一つ必要なことはその発生メカニズムを知ることだ。虐待の背景には、世代間連鎖（親に虐待されていた過去がある）や、社会的孤立や不安、あるいは貧困などがあげられる。こうした背景を理解し、より重点的に福祉支援を提供していくことが必要だ。

あわせて、虐待行為を「行動」として分析することも必要なことだ。「分析」をすると、きっと誰にでもその「行動」をするリスクがあることがわかるはずだ。

「私たちは、一体、どうすればよいのでしょうか。虐待をしていると通報されました」

ある障害者施設長の訴えだ。古くから地域の障害のある人達の暮らしを支えてきたとても良心的な施設だ。もちろん虐待などをしている施設にはとても思えない。

「先日、一人の利用者様が、送迎車から降りたところで突然暴れ出したのです。他の利用者様もその周囲にいたので、職員は慌てて暴れる利用者様の身体をおさえたのです。それを見ていた外部の方が、これは虐待ではないかと通報したようで…」

確かに身体拘束にあたるかもしれない。身体拘束は身体的虐待となる可能性がある。これを通報した人には、この行為が虐待に映ったのだ。通報義務がある。だから通報した。

さて、職員の「行動」を分析してみたい。「直前」の出来事は「暴れている利用者様がいる」だ。職員はすぐさま「暴れている利用者様の身体をおさえる」という「行動」で対応した。そして「直後」の出来事は、「他の利用者様に被害が出ない」だ。他の利用者を守るために、職員は暴れる利用者の身体をおさえた。これはまっとうな対応のような気もする。でも、身体を拘束された利用者にとってはどうだろう。暴れなければならなかった「理由（わけ）」は、この際、どうでもよいのだろうか。周囲に危険をもたらすから、動けなくするということは、果たして正当化されるのだろうか。

仮に、もし「どうしようもない恐怖を感じ、そこから逃げ出そうとしていた」ところを、職員によって身体をおさえられ、「それを振りほどこうとして」暴れていたとしたら…。

解決しなければならないことは、その「理由（わけ）」を特定することと、「恐怖を取り除く」ことだったのかもしれない。

一方を守るために、もう一方の「行動」は制限してよいというものでもない。双方ともに守られなければならない。人権を守るということは、とてつもなく難しい。でも、それをしなければ、そのうち私たちは、自分の都合で人を変えようと試みる。

その後、この施設は、事実確認のための聞き取り調査も受け、この件では虐待は認められないという結論になった。ただ施設長も含め、職員が受けた心理的ダメージは大きかった。日頃から誠意を持って、サービスにあたっていたからだ。もちろん虐待しようなどとは思っていない。でも何の疑問もなくとっていた対応は、一つ間違えば虐待にもなるのだ。以降、施設全体でサービス利用者が安心して暮らせるような環境作りや、人権に配慮した職員の対応を模索し続けている。そして常に問い続けている。

その「行動」により、みんなの人権は守られていますか？

わかりません。だから、常に立ち止まって「分析」するようにしています。

あなたが「怒鳴る」のはなぜか？

教員の子どもへの体罰は厳しく禁止されている。「叩く」ことは体罰だ。やってはいけない。

さて、体罰が発生するメカニズムをご存じだろうか。もしかしたら今、あなたがしていること、「それ」が体罰かもしれないのだ…。

「うるさ〜い！」

小学校一年生の教室から聞こえてくるベテラン教員の怒鳴り声だ。

このベテラン教員、とにかくよく「怒鳴る」。「ちが〜う！」「さっさとやる！」「何度も言わせない！」。廊下に響き渡るほどの音量だ。福祉施設では心理的虐待にあたる可能性がある。やはり、このベテラン教員の怒鳴る「行動」は気になる。「分析」しておこう。

「行動」は「うるさいと廊下にまで響き渡る音量で怒鳴る」。これは頻繁に出現している。「強化されている」のだ。「直前」の出来事は「子ども達が授業中に私語をする」だ。では、「直後」の出来事はどうだ。「授業中の私語」が「なくなる」だ。「－（マイナス）」されている。つまりこのベテラン教員の「うるさいと廊下にまで響き渡る音量で怒鳴る」という「行動」は、「負の強化子」により「強化されている」ということになる。

それにしても、なぜ、こうも大きな声で怒鳴るのだろう…。少々、混乱しそうなところでもあるので、整理しながら「分析」しよう。

その前に子ども達の「授業中に私語をする」という「行動」の「分析」も、一度しておきたい。頭を切り替えて欲しい。

この「行動」の「直前」は、「課題を終えて、何もすることがない」状態になっている時だった。そして「行動」は「授業中に私語をする」。その「直後」の出来事は、「教員からのうるさいという怒鳴り声」が加わる。すると子ども達は即座に「授業中に私語をする」ことをやめた。「行動」が直ちに減少した。つまり「行動」は「弱化された」。ちなみに「教員からのうるさいという怒鳴り声」は子ども達に「＋（プラス）」されている。なので「正の弱化子」だ。実際、授業中に私語をする子どもはほとんどいなくなった。

とは言うものの、つい「授業中に私語をする」子どもも、まだ教室内には散在している。その度に「教員からのうるさいという怒鳴り声」が教室中に響くことになる。もちろんうっかり者の子どもも慌てて「授業中に私語をする」ことをやめた。

さて、これが日常的にずっと続くと、子ども達はどうなっていくのだろう。

恐怖から「もう学校へは行きたくない」と言い出す子どもが出てくる。授業中は一切話をしない子どももいるだろう。でも、中には「教員からのうるさいという怒鳴り声」に馴れてしまう子どもも出てくる。そうなのだ。普通に怒鳴られたくらいでは動じない子どもが少なからず出てくる。この子ども達は「教員からのうるさいという怒鳴り声」にも、時におかまいなく私語を続けていた。

さぁ、ここから再度、ベテラン教員側の「行動」に話を戻す。頭を切り替えて欲しい。

「行動」の「直前」は、「子ども達が授業中に私語をする」だ。そして「行動」は「うるさいと廊下にまで響き渡る音量で怒鳴る」。さっきと一緒だ。でも「直後」の出来事は、これまでと少し違う。おかまいなく私語を続ける子どもが登場したからだ。「授業中の私語」が「－（マイナス）」されない。そうなのだ。結果的にベテラン教員の「行動」は、「消去」されていたことになる。ここで思い返して欲しい。「消去」には、いくつかの現象をともなうことを。「行動」は一時的に増加し、時に攻撃的になる。ベテラン教員の怒鳴り声が大きくなったのは、こうしたメカニズムによるものだ。

より大きな声で怒鳴られた子ども達は、「授業中の私語」をやめる。この時、ベテラン教員の「さらに大きな声でうるさいと怒鳴る」という「行動」が「強化される」。

いずれ、これにも馴れる子どもが出てくる。だからはっきり警告した。でもベテラン教員は「自分は絶対に体罰はしない」と言い張る。仕方がない。体罰が発生するメカニズムを応用行動分析学に基づき説明し、最後にこう付け加えた。おそらく、今

体罰に続く道を辿っている。

「息が詰まる」教室には？

教員も、子ども達もみんな忙しい。やらなければならないことが多くありすぎる。「少しでも多くの課題を遂行する」。これが「強化される」ように、教員も子どもも全力で頑張る。だからみんな「息が詰まっている」…。

大学の仕事は、何かと忙しい。教育、研究、研究室の運営、各種委員会、そして地域・社会への貢献などなど…。多くの読者には、そのようには見えないだろう。「大学は、自由な時間と空気で溢れている」と今も思われている。それは昔の話だ。最近は違う。

以前、小学校の教員から「現場は、トイレにも行けないくらい忙しい」という話を聞いたことがあった。その時は「そんなことあるかい！」と思っていた。が、実際、今、そういう状況だ。トイレに行ける時は一目散に走って行く。ちびっ子達と一緒だ。

おっと、この場を借りて「私は、日々、忙しいんだ！」アピールをしたいのではない。そうした状態なので、疲れきっている。そして機嫌が悪い。それが言いたい。

「センセェ、お時間ちょっといいですか〜」

私は、基本的には学生が研究室に出入りすることはウェルカムだ。そうなるように努めてきた。アポイントメントがなくてもノックさえすれば、招き入れる。が、この日の私は、どうにもココロ穏やかではなかった。

「なにさ?」

鏡を見なくてもわかる。自分がどんな顔をしていたのか。きっと能面のような顔だったはずだ。学生の表情もすぐに曇った。

「先生、データを、どうまとめてよいのかわからなくなりました…」

わからないからここに来ている。教えて欲しいから、ノックをした。学生はそのために指導教員を必要としている。そして、それが今なのだ。なのに私は…。

「えぇ？だから、これ、前にも説明したよね。○△＊×#でしょ。そんでもって、□△○※＊になるでしょ。わかるよね！」

学生は困惑していた。彼は、それ以上は何も言わず早々に部屋を後にした。

以降、彼が研究室のドアをノックすることはしばらくなかった。わからないことを「質問する」という、教育現場ではあたり前の「行動」が「弱化された」。私の指導はこの学生の「質問する」という「行動」には「正の弱化子」となってしまった。そして私自身の「高圧的な指導をする」というこの「行動」は、忙しい日常の中で、学生を部屋から直ちに退室させるという「負の強化子」によって維持していた。

以来、気をつけている。「忙しい」、そんな時には「入室禁止」をぶら下げるようにした。こうすれば、彼らとの関係を壊さずに済む。仕事が立て込んでいなければ、じっくり話も聞ける。学び合いの環境を作るには、こうした工夫が必要だ。

さて、小学校の教室での話に戻ろう。

「時間内に問題が解けなかった人には、宿題を出すからな」

その一言で、子ども達は、「急いで問題を解き始めた」。この子ども達の「行動」は、「強化されている」と言ってよい。時間内に問題を解き終えていれば、子ども達から宿題が「−（マイナス）」される。そう「宿題をしなくてよい」。これは「負の強化子」だ。

「はい、絵を描き終えられない人は、家に持って帰ること。宿題にするからね」

その一言で、子ども達は、「急いで絵を描き始めた」。この「行動」も「強化されている」。そして子ども達からは、宿題が「−（マイナス）」された。何度も言う。これは「負の強化子」だ。作品の出来はもはや関係ないようだ。

「センセェ、オレ、家帰ってからはもっと忙しい。もう宿題、宿題って言わないでよ」

最近の子ども達も忙しい。だからイライラしている。そしてキレやすい。

「だったら宿題にならないように、今やればいいでしょう！」

叱られてしまった。彼の筆は止まった。「あぁ、もう息が詰まる！！」。


教室には「弱化子」や「負の強化子」が溢れている。

安易に「無視しろ」と言うけれど？

人の注意を引きつけようとして「困った行動」をする。厄介だとも思うが、日常、よくあることだ。

それに対して、「そんなの無視しなさい」という助言をする人がいる。確かに効果的な対応にも思えるが、本当にそうだろうか。

「オオキナコエハ　ダシマセン　バッ～！」

と大きな声を出している特別支援学校に通う子どもがいる。

教員はその都度、彼に近づき、口元に指でバッテンを示しながら「大きな声は…」と言葉をかける。すると子どもは
「ダシマセン、バッ～！」

と大きな声で答えている。すると教員は、そんな彼に向かって
「そうです。だから大きな声は出してはいけません。バッですよ」

と再度口元にバッテンをして見せた。そして、彼がやるべき次の課題をするよう促した。

「大きな声を出してはいけないことはわかっているのに…いつもこれなんですよ」

と教員は嘆いた。「わかっているのに」という一言に少し引っかかったが、まずは「行動」を「分析」しようと提案した。もちろん、賛成してくれた。とにかく、大きな声が続いていると言う。彼のこの大声に周囲の子ども達も不穏になる。解決した方がよい。

まずはこの「オオキナコエハ　ダシマセン　バッと叫ぶ」。これを「分析」の対象にしよう。これは「死人テスト」を通過している。大丈夫だ、「行動」だ。

頻度についても記録をとった。確かに一日を通して頻繁に出ていた。となると、この

「行動」は「強化されている」。さて、「行動」の「直前」「直後」の出来事はどうなっているか。こちらも、記述をお願いした。かなりの記述が集まった。早速整理した。

「行動」の「直前」は、「活動と活動の継ぎ目の時間に、教員が近くにいない」時だ。一方、この「行動」は具体的な活動が示されており、それに取り組んでいる時にはほとんど出現していなかった。

では「行動」の「直後」の出来事はどうか。『教員が口元に指でバッテンを示し、「大きな声は…」と言いながら子どもに近づく』だ。ちなみに子どもの「行動」は既に「強化されている」ことがわかっている。なので、この『教員が口元に指でバッテンを示し、「大きな声は…」と言いながら子どもに近づく』は、「強化子」だ。しかも、これは、子どもに「＋（プラス）」「加わっている」。だから「正の強化子」だ。つまり、子どもにとっては、「直後」の出来事を「得ている」ことになる。

整理しよう。この子どもは、活動と活動の継ぎ目の時間に先生が近くにいないと、「オオキナコエハ　ダシマセン　バツ～」と叫び、先生を呼んでいたということになる。

「それって、ただの注意引きじゃないの。構って欲しいだけよ」

あるベテラン教員がつぶやいた。嫌な予感がする。それを聞いていた同僚も「じゃ、スルーしちゃえば」「そうね、無視したら」。皆、口々に勝手なことを言う。「なぜ、注意を引く」「構ってもらう」必要があったのか。その「理由（わけ）」を探って欲しいのだが…。

「アリカワ先生、これやっぱりスルーした方がよいですかね？」

「スルー」「無視」など現場ではいろいろな用語が飛び交っている。でも、この本は応用行動分析学について書いている。「正の強化子」を「＋（プラス）」しないのであれば、それは「消去」だ。「消去」については、既に何度も話している。即効性はない。しかも、「消去」すれば、しばらく「行動」は増加する可能性が大きい。場合によっては攻撃的な「行動」も出現しやすくなる。こうした経過があり、徐々に消失へと向かう。簡単に「スルーだ」「無視だ」「消去だ」と言えるのは、おそらく応用行動分析学を知らない人か、あるいは現場を知らない応用行動分析学の専門家だ。

具体的な対応については第3章に譲るとして、ここで確認しておきたいことがある。

安易に「無視しろ」と言うけれど

「消去」については、そのリスクについて一度は熟考してからにして欲しい。

「褒める」と「行動」はどうなる？

子ども達の「ステキな行動」を見たら「褒めよう」。こうした取り組みは効果的だ。でも「褒めればよい」というのとはちょっと違う。

そもそもが「褒める」とは「何か」、なぜそれをした方がよいのか、一度は考えてみよう。

子ども達を「褒めて、伸ばす」。これには賛成だ。

教育に限らず、福祉や子育てにおいても「褒める」ことがあちこちで奨励されている。

「いいじゃない」

私も、学生を褒めている。ところが

「アリカワ先生の褒め方って、なんかココロ感じな～い」

随分前に送り出したゼミ生に言われた。以来、私の「褒める」はぎこちない。実際、褒めたところで、彼らのパフォーマンスは、あまり上がらない。タイミングを外して褒めれば、「かえって怖いです」とまで言われる始末だ。

そんなこんなしているうちに、褒め方がすっかりわからなくなってしまった。私の学生を「褒める」という「行動」は、「弱化」したのだ。それはそうだ。「ココロを感じない」や「怖い」とまで言われたのだ。それでも時にはココロから褒めることだってある。

「よくやってるよ。たいしたもんだよ」

「アリカワ先生に褒められるなんて、思ってもみなかったです…（涙）」

泣かんでもよいと思う。私が褒めることが随分と珍しいことになっていた。この学生のパフォーマンスはその後も上がり続けた。私も自然と「称賛」し続けていたと思う。

「褒めるようにしているのですが、考えすぎると上手く褒められないんですよ」

私と同じような悩みを抱えている教員がいた。心の底から共感を覚えた。この際だから「褒める」とは何かを整理しておこう。実際に、試すとよい。

まずは、増やしたい「行動」を決める。そしてその「行動」が出現した「直後」にすぐ「褒める」。それをしばらくの期間続けてみる。この時、記録をとって欲しい。その記録の推移を見て増加傾向にあれば、当該の「行動」は「強化されている」。であれば「褒める」は「強化子」だ。しかも子どもに「＋（プラス）」されている。だから「正の強化子」だ。

でも、もし「行動」が増加する傾向が確認されなければ「強化されている」ことにはならない。したがって、この場合は「褒める」は「強化子」とは言えない。ゼミ生には、私の「褒める」ことが「強化子」とはならなかった学生と、「強化子」となった学生の二種類いたことになる。つまり、一概に「褒めることは強化子だ」とは言えない。

では、なぜ「褒める」方がよいと言われているのか。実は、これは確率の話なのだ。「褒める」が「正の強化子」となる確率が高いからだ。

私たちが生きていくために必要な「食」をあわせて考えてみる。身体とココロが喜ぶ「食」だ。「好きなお菓子」がよいだろう。これを「行動」の「直後」に与えると、その

「行動」は「強化される」可能性が高い。そして、私たちはこの時に「笑顔」や「称賛」もあわせて提示することが多い。これが続くと「好きなお菓子」がなくても、「笑顔」や「褒める」だけでも「正の強化子」として機能するようになる。ただし、絶対ではない。あくまでも一つの例であり、確率の話だ。

さて、ここであなたが子ども達を「褒める」という「行動」も「分析」してみよう。「褒めるに値する子ども達の姿」を目にした時が、「直前」の出来事だ。そして「褒める」という「行動」が出現する。では「直後」の出来事は…「褒められて喜ぶ子ども達の笑顔」かな。これが時差のない「直後」の出来事だ。「子ども達のパフォーマンスがよくなっていく」をあげる人もいるが、これは「行動」からの時差がある。「直後」ではない。なるほど。子ども達から笑顔が消えた「息の詰まる教室」では、「褒める」というあなたの「行動」が「強化される」確率もかなり低くなっているはずだ。

日頃から、笑顔溢れる教室になっていれば、あなたの「褒める」という「行動」も

増加する確率が高くなる。

目指す「行動」へ段階的に近づけるには？

教室の中の応用行動分析学は、何も「行動」の「理由（わけ）」を知るためだけにあるのではない。子どもも達の「ステキな行動」の「形成」にも使える。

そして、あなたは「それ」を、知らず知らずのうちに使っている。

ある「行動」が「強化されている」。その「直後」の出来事は、「強化子」だ。そして「消去」。これは「正の強化子」であれば「＋（プラス）」しない、「負の強化子」であれば「－（マイナス）」しない。ただし「消去」しても「行動」は直ちに消失したりはしない。しばらくの間は出現し、時に増加する。あるいは攻撃的な「行動」が出現することもある。と、ここまでの内容は、これまでに何度も触れてきた。一緒の内容だ。ここでもう一度、振り返りをしてから、この先を読み進めて欲しい。

「センセェ、コレ、ワカンナイヨ」

そう叫ぶ子どもがいた。

「どこがわからないの？」

そう言って、机間指導をしていたあなたは、この子どものところへ向かった。教室ではよくある光景だ。この子どもは、授業中にタメ口で先生を呼ぶ。でもわからないから教えて欲しいのだ。前向きでよいと思う。

さぁ、「行動」を「分析」してみよう。「行動」は「センセェ、コレ、ワカンナイヨと叫ぶ」としよう。

「行動」の「直前」は、「解答できない問題が目の前にある」。そして「行動」は「センセェ、コレ、ワカンナイヨと叫ぶ」だ。「直後」の出来事は、あなたが『「どこがわからないの?」と言いながら近づく』だ。この「行動」は繰り返し出現している。だから「強化されている」。しかも、この「直後」の出来事は、子どもに「+（プラス）」されている。「正の強化子」だ。

さて、新しい話はここからだ。国語の授業でのこと。今日の内容は「敬語」だ。

「センセェ〜、コレ、ワカンナイヨ」

相変わらずだ。無理もない。「敬語」は初めて学んだ。だから、「ワカンナイ」のだ。ところがあなたは、それに応じることなく机間指導を続ける。なぜだ。いつもなら、すぐにでも駆けつけていたではないか…。

「センセェ、ネェ、センセェ!ワカンナイヨォ、コレェ」

さっきよりも声は大きくなっている。どうやら、あなたは「消去」の手続きに入っているようだ。そのうち、子どもは教科書を投げつけたりしないだろうか。このまま質問しなくなってしまわないだろうか。心配だ。すると、不思議なことが起きた。

「ネェ、センセ、コレ、ワカンナイデス」

「デス」がついた。あなたは、さっきとは打って変わって子どもの元に駆けつけた。

「どこがわからないの?」

ここからは、いつも通り。どうやら少しでも「敬語」を使用したら、子どもへ接近した（つまり「正の強化子」）。そうでない言い回しは「消去」した。とにかく「敬語」が出ればすぐに駆けつける。タイミングは外さない。「敬語」を使用する頻度は増え始め、そして安定していった。そんなある日のこと。いつものように

「センセェ、コレ、ワカンナイデス」

あれ、あなたは気づいていない。なぜ、駆けつけない。どうやら、再び「消去」の手続きをとっているようだ。でも一体なぜだろう?すると子どもは次の瞬間

「センセイ、ワカラナイデス」

「ワカンナイ」が「ワカラナイ」に変わった。その瞬間、あなたは「どこがわからないの?」と駆けつけた。これでまた少しだけ、「正しく敬語を使う」姿に近づいた。

「強化子」と「消去」の手続きを使い、目指す「行動」に段階的に近づける。つまり、

「シェイピング」を用いる。

どう「行動」すれば、「強化子」へ辿り着ける？

なかなかその場にふさわしい「行動」ができない子どもがいる。どうするべきかを1から10まで子どもに説明する。

「○○の時は？どうするんだっけ？」。こんなヒントを出すことも、よくある。

これは一体何だろう？

どうにも不思議だ。さっきの「敬語」の話だ。「強化子」と「消去」の手続きによるものだという。「消去」の手続きにより、「行動」は直ちに消失したりはしない。しばらくは「増加する」「強くなる」。だからしばらく、質問を続けていた。

でも、攻撃的な「行動」が出現するリスクもあったはずだ。例えば、なかなか自分のところへ駆けつけて来ないあなたに、痺れを切らして、教科書を机に「バン！」。その「直後」に、「どこがわからないの？」などと駆けつけていたらどうなっただろう。「敬語を使う」どころか、このよからぬ「行動」の方が「強化された」かもしれない。

とりあえず授業の内容をもう一度見てみよう。それが一番だ。

『いいですか。敬語には丁寧語というものがあります。「です」とか「ます」をつけます。他にもみんな、よく言うでしょ。授業中「ワカンナイ」って。これを丁寧に言うとワカリマ……？』

あなたからの発問だ。みなまで言わない。これは、授業でおなじみの光景。

『あっ、わかった「ワカリマセン」だ』

『そう！「わかりません」と言います』

なるほど、授業の内容まで確認していなかったが、ここで確かに子ども達には教えていた。「ワカンナイ」ではなく「わかりません」。でも、先程登場した子どもは「わかりません」ではなく、「ワカラナイデス」と言っていた。確かに「ワカンナイヨ」よりはマシだ。そこで、まずはこの「ワカラナイデス」が出現したら、あなたは、この子どもに「近づいた」ようだ。故に「ワカラナイデス」は「強化された」。

そして、この「ワカラナイデス」が安定した頃、再び「消去」の手続きをとった。

「センセェ、ワカラナイデス…ネェ、センセェ、ネェ、センセイ…ワカラナイデス、コレェ」

さっきよりも大きな声になっている。これはまずい。このままでは教科書「バン」だ。と、その時だ。あなたは、この子に向かって囁くほど小さな声で
「ワカリマ…」

次の瞬間、

「セン!あっ、えっと、じゃなくて…ワカリマセンだ」

「そうです!で、どこがわからないの?」

そう言って近づいていった。なるほど。どう「行動」すれば、「強化子」に辿り着けるのか、その一部分だけを、小さな声で伝えていた。これによって教科書「バン」をせずに

済んだ。しかも少しずつ教育上、望ましい状態に誘導できる。これを「反応プロンプト」と言う。知らず知らずのうちに教員が使うテクニックだ。

「反応プロンプト」は、「行動」の「直前」に出す。しかも「行動」からの時差がほとんどない「直前」だ。もともとの「直前」の出来事である「解答できない問題が目の前にある」以上に「行動」との時差がない。そのため「行動」への影響力は「反応プロンプト」の方が大きい。ここで勘のいい読者の皆さんはお気づきだろう。

『このままでは「反応プロンプト」の方に「弁別」が起こっちゃうかもよ』

その通りだ。だからこそ、弱く、そして短くなければならない。目立ちすぎてはいけない。そしてできるだけ速やかにやめる。これら一連の手続きを「フェイディング法」と言う。これを怠ると、「反応プロンプト」がなければ「行動」が出現しなくなってしまう。

なかなか望ましい「行動」が出現しない時には、どう「行動」すれば、「強化子」が出てくるのかを「行動」の「直前」に伝え、それを段階的に弱めていく。つまり、

「反応プロンプト」と「フェイディング法」を用いる。

実際に
モデルとなる「行動」を
やって見せると？

教育現場では、常に新しい「行動」を教える。でも、未知なる「行動」をどのようにして獲得していくのだろうか。もちろん、「強化された」からだ。

では、「何をすればよいのか」ということを、どのように知るのだろうか。

今やダンスは必修化されている。

私の時代もダンスはあった。盆踊りとフォークダンスだ。盆踊りは、小学校のオリジナル音頭があった。当時の校長がやたらとオリジナルを作ることを好んでいたようで、とにかくオリジナルの類いがたくさんあった。オリジナル故に、その後は二度とお目にかかる機会はなく、もちろんすぐに忘れた。東京音頭を覚えた方がまだよかったように思う。

中学校のフォークダンスは、体育祭に向けてやったものだ。男女がペアになり、輪になって男子が一つずつ、順繰りに回っていく。当然、思春期真っ只中だ。男子は女子を、女子は男子を意識する。手を繫ぐこともぎこちない。熱血体育教師は、そんなぎこちない生徒を片っ端から叱り倒していた。教育のねらいがよくわからない。「恥じらい」があるのは発達上ありだと思うのだが…。とりあえず生徒達は、がっちり手を握らなければ怒鳴られる。そんなわけなので、必要以上に「がっちり手を握り合う」。不自然きわまりないとは思うが、こうしてさえいれば熱血体育教師の叱責を「－（マイナス）」できる。結局は「負の強化子」により「強化されていた」。もちろん、好きな子とお近づきになれる「正の強化子」もあったかもしれない。が、それも数十回に一回あるかどうかだ。なので実際には「負の強化子」で維持していたはずだ。今の生徒達はどうだろう。

「はい、それでは今日は、基本ステップです。まずは私がやるので見ていてください。」

あなたは、そう言うとゆっくりとヒップホップの基本ステップを生徒達の前でやって見せた。研修で習ったステップ。まずはこれが基本だ。

生徒達は、早速、あなたの示す基本ステップを見て、それらしいステップを踏み始めた。何ともぎこちない。ラジオ体操でも、もう少し、しなやかな動きだと思う。これが、あの軽やかにステップを踏むダンスユニットのような動きに近づくのだろうか。それでも生徒達は必死だ。なぜならヒップホップはカッコイイ。その分、ステップが決まれば「称賛」は得られやすい。そんな瞬間を夢見ている。今はとてつもなくカッコ悪い。仕方がない。何事もはじめはこんなものだ。でも、盆踊りやフォークダンスよりは、「強化される」確率は高いはずだ。現代的なリズムにノリノリな姿は、見ていてココロがウキウキする。

さて、ここで注目して欲しいことがある。それは「モデル」と「模倣行動」についてだ。まず生徒達にとって重要なのはあなたが「行動」の「直前」に示した「モデル」だ。これがなければ、生徒達は身体をどう動かしてよいのかさえわからない。「モデル」が示されて、生徒達は即座にこれに近い「行動」をした。これが「模倣行動」だ。

生徒達の中には既にこの基本ステップを知っている者もいるようだ。教員の踏んだステップを見て、即座に基本ステップを踏んで見せた。生徒達からも歓声が上がった。

「カッコイイ！」

ちなみに、この生徒が基本ステップを踏んだことは、「模倣行動」と言えるか。実は、微妙だ。既にステップが踏める段階では「模倣行動」とは言えないからだ。

一方、この生徒にとって未知なるステップがモデルとして示され、即座にモデルに似ているステップを踏み出したとしたら、これは「模倣行動」だ。「そんなのあたり前だろう」という声も聞こえてきそうだが、この違いが意外にあまり理解されていない。

さて、生徒達もそろそろ基本ステップが踏めるようになってきた。もはや教員によるモデルは必要ない。数人がチームになり、音楽に合わせてステップを踏み出した。うん、確かにカッコイイ。決まった。次の瞬間、周囲の生徒達からも歓声が上がる。メンバーはそれぞれにハイタッチをしていく。やはり盆踊りやフォークダンスとは違う。

知らない「行動」も、実際にモデルとなる「行動」をやって見せると

似た「行動」が出現する。これを「モデリング」と言う。

自分の「行動」を知るためには？

ビデオを使って自分のパフォーマンスを確認することができる。自分のフォームを確認する際などにも、よく使われる。

教室の中はどうだろう。子ども達は、自分の「行動」をどうやって振り返っているのだろうか…。

「ほうきの使い方を教えます」

小学校一年生になると清掃の時間がある。これを教員は一つずつ丁寧に子ども達に教えていく。海外の学校を視察すると「日本の学校には、掃除の時間がある。あれは素晴らしい」と言われる。「ならばこの国でもやればいい」とも思うのだが、学校の清掃を生業にしている人もいる。だからそういうわけにもいかないらしい。

「まず、ほうきは、こうやって持ちます」

ほうき係の子ども達は、あなたの示す「モデル」を見て、それに似せた持ち方でほうきを持つ。「模倣行動」だ。あなたは、すぐさま子ども達一人一人の持ち方を確認していく。

「タロウ君、そんなに下の方は握らないよ。もう少し上の方を握ってごらん」

こうやって、少しずつ、持ち方が改善されていく。

さて、ここで質問がある。あなたの「そんなに下の方は握らないよ。もう少し上の方を握ってごらん」は、タロウ君のほうきを持つ「行動」の「直後」の出来事だ。これは、「強化子」なのか、それとも「弱化子」なのか。

「もう少し上の方を握る」という「行動」が、これにより出現するようになると「強化されている」ようにも見える。いや、その前に反応プロンプトでしょ。いやいや、「下の方は握らないよ」という一言も入っている。これによって、「下の方を握る」という「行動」は「弱化された」とも見える。つまり、あなたの一言には様々な機能があると考えられる。

もっとも、あなたからの一言の後も、ほうきの柄の下の方を持ち続けていたとしたら、「強化子」「反応プロンプト」「弱化子」のいずれでもないことはハッキリするのだが。

実は「そんなに下の方は握らないよ。もう少し上の方を握ってごらん」という一言は、「フィードバック」と呼ばれているものだ。教育現場では、よく使用されている。子ども自身が「行動」の結果に関する情報を受け取ることを意味している。この「フィードバック」により、ある「行動」は「強化される」、あるいは、「弱化される」こともある。そして変わらないことも。また「こういう行動をしてごらん」という教示としての役割を持つこともある。こうした様々な機能を持ち合わせていることから、教育現場において多用される。学校中を観察してみるといい。この「フィードバック」だらけだ。

ただし、教育現場の「フィードバック」は、かなりの部分、子ども達の言語理解に依存している。ところが、実際のところ子ども達の言語理解力は様々だ。どの子にも一律に同じ「フィードバック」というわけにもいくまい。

となると「モデル」はないよりは、ある方がよいのではないか。それにあわせて、適宜、「反応プロンプト」と「フェイディング法」を入れてみるのはどうだろう。もちろん「シェイピング」の手続きも組み込んでみてもよい。何より望ましい「行動」が出現したら確率的に「強化子」になりやすい「褒める」を多用してもよいかもしれないな…。

「言われなくても教員はみんな多かれ少なかれ、こうしたことを取り入れている！」

そうかもしれない。自身が教育現場で何をしているのかを整理できていれば、取り入れている、あるいは取り入れていないことに気づく。仮に取り入れていたとしても、「分析」がなければ、闇雲に手続きを乱用しているだけだ。効果は望めない。第一、それは子どもにとって害でしかない。

でも、なかなかそのことに気づけない。理由は簡単だ。授業を「フィードバック」してくれる人がいないからだ。あなたも既に軌道を外れたロケットかもしれない…。

だから子ども達の学びに限らず、あなたの「行動」を知るためにも

誰かのフィードバックが必要だ。

自由な時に高頻度で出現している「行動」をどう捉えるとよいか？

「好きなことは、放っておいてもするくせに」。あちこちでよく聞く言葉だ。

大人は「放っておいてもする活動」を、「あまり積極的には取り組まない活動」と巧みに抱き合わせる。なぜだ。そうしておく方がよい理由があるからだ。

「テレビは宿題をやってからにしなさい」

昔は、どこの家庭でもテレビが主役だった。宿題をやらなければテレビが見られない。こうして私達も宿題をやっつけてきた。今は「テレビは宿題をやってから」という家庭は減ってきている。

「ゲームは、宿題が終わるまでダメ！」

そう言われると子どもは、宿題を広げた。別に宿題をやりたいわけではない。やらないで済むならそうしたい。でもやるしかない。やらなければゲームができない。

いつの時代も変わらない。子ども達が大好きな活動は、大抵、宿題とセットになっている。「宿題をする」という「行動」が完遂した。その「直後」に、「ゲームをする」ことができる。実際に「宿題をする」ことが維持している。となると「強化されている」ことになる。「直後」の「ゲームをする」が「強化子」ということになる。しかもこれは「＋（プラス）」されている。だから「正の強化子」だ。

ここで知っておいてもらいたいことがある。子ども達の自由な日。すなわち、親に「早く宿題やりなさい！」「まだやってないの！」と言われない日だ。この時に「高頻度で取り組んでいた行動」は、「低頻度で取り組んでいた行動」の「強化子」になる。これを

「プレマックの原理」と言う。感覚的には世の親達はみんな知っていることだろう。

さらに、もう少し知っておいてもらいたいことがある。

まず、ここでも親から何も言われない自由な日。この時、「宿題に従事している時間」と、「ゲームに従事している時間」を調べてみよう。「宿題はしない」。そして「ゲームは放っておけばいくらでもやる」だろう。でも、ここは具体的に話を進めたい。なので「宿題は30分していた」、「ゲームは1時間していた」ことにしよう。

「えっ、ゲームをする時間は、実際こんなもんじゃないよね」

そんなことはわかっている。ここはとりあえず、話を理解してもらいたい。なので、これを基準に話を進めたい。そのつもりで読んで欲しい。

まず確認する。子どもを自由にさせておくと「ゲームをする」ことは、「宿題をする」ことよりも、30分長く時間をあてていた。

ではこうする。「宿題をする」。その後に、「ゲームを30分する」ことができるとする。「ゲームをする」時間は基準の半分に設定されたことになる。さて「宿題をする」時間は、どうなっていくと思いますか?もともと自由な時に「宿題」は30分しかしていなかった。それが長くなっていく。すなわち「宿題をする」という「行動」は「強化されている」。

今度はこうしよう。「宿題をする」。その後に「ゲームを1時間する」。これは、先程、基準にしていた時間と同じだ。この場合は、「宿題をする」という「行動」は変わらない。

では、今度は「ゲームを1時間30分できる」。つまり基準にしていた時間より30分余計にできるようにした。この結果は予想外だ。なんと「宿題をする」は「弱化」していく。

つまり低頻度で出現する「行動」を「強化」したいならば、その「行動」の後に、より高頻度で出現していた「行動」を持ってくる。しかも、その時間は自由な時に従事していた時間よりも短めに設定すればよい。ただし、より長く設定すれば逆効果になる。

「はい、ではこの問題を解けた人から休み時間ね」

教室の中でも同じことが起きている。子ども達は、猛烈な勢いで問題に取り組んだ。そして「休み時間」を手に入れた。放っておけば、本当はいつまでも遊んでいるはずだ。それが、たった5分間の休み時間でも十分に「強化子」になっている。

自由な時に高頻度で出現している「行動」は、

自由な時に低頻度で出現している「行動」の「強化子」になり得る。

「強化子」としての価値は？

「行動」が増加・維持した。その「直後」の出来事は「強化子」だ。

「強化子」は常に一定の効力を発揮し続けるものなのだろうか。

いや、そんなことはない。効力は、様々な設定により変化する。

部活動は大変だ。教員が大変だ。保護者も大変だ。みんな大変だ。それでも部活はなくならない。子ども達のために。

「早く、戻れ！遅いぞ、すぐ切り替えろ！」

顧問の声が体育館中に響き渡る。夏の体育館は蒸し風呂だ。走り回っている子ども達もきついだろうが、大きな声を出し続ける顧問だってきつい。滝のような汗を流している。

「よし、休憩！」

そう言うと、顧問はスポーツドリンクの入った給水タンクに向かった。ずらっと給水タンクが並んでいる。それはそうだろう。全員が水分補給をしなければ、危険な暑さだ。

顧問が給水タンクの前に立った。子ども達は、給水タンクの前に並ぶ。順番が回ってくると、一人ずつ給水レバーを押す。大きめの紙コップに、スポーツドリンクがなみなみと注がれていった。「一回につき一杯」という決まりはあるが、並び直せば、おかわりは自由だ。この暑さだ。子ども達は何回も並び、そしてその度に給水レバーを押すのだった。

ここで「行動」を「分析」しておきたい。まず、「行動」は「給水レバーを押す」としよう。この「行動」の「直前」は、「給水レバーが見える」だろう。そして「レバーを押す」という「行動」が出現する。子ども達は何度も並び直しては、その度に「レバーを押す」。つまり「行動」は「強化されている」。では「行動」の「直後」は何だろう。「スポーツドリンクがコップに注がれる」だ。これは「正の強化子」だ。それにしてもスポーツドリンクは大人気だ。ここで質問。なぜスポーツドリンクは、大人気なのだろうか。

「スポーツドリンクはおいしいから」

確かに、それもあるだろう。でも、それだけではない。水であっても同じことは起こったはずだ。となると他に理由（わけ）がある。おそらくは「蒸し風呂のような体育館の暑さ」と「練習中走り続けていた」ことが関係している。水分を一定の時間、この暑さの中でとれなかった。そのため「スポーツドリンク」の「強化子」としての効力が、より大きくなったのである。つまり水分が「遮断」されていたためにスポーツドリンクの「強化子」としての価値が高まったのだ。

さて、部活は、続くよ、午後までも。昼の休憩は、大事なエネルギー補給の時間だ。子ども達が持ってくる弁当はでかい。育ち盛りだから仕方ない。そして水筒もでかい。各々が、このでかい水筒から水分を補給する。何度も言う、この暑さだ。飲めるだけ飲む。そんな感じだろう。そろそろ休憩も終わる頃…。

「いいか、しっかり水分はとっておけよ」

そう言うと、顧問は給水タンクの前に立った。ところが、さっきと様子が違う。子ども達は誰も並ばない。給水レバーは丸見えだ。にもかかわらず、誰も押さない。なぜだろう。

「水筒のスポーツドリンクを、飲めるだけ飲んだからでしょ」

その通りだ。体育館は依然として蒸し風呂だ。でも、既に子ども達は飲みたいだけ水分を補給していた。もういらない。スポーツドリンクの「強化子」としての価値は、低くなったのだ。そうなのだ。「強化子」の価値は、いつも一定ではないのだ。

「お～い、みんな水分はちゃんととらなきゃダメだぞ。しっかり飲んだか？」

「先生、大丈夫だよ。ちゃんと飲んだから。先生、飲んでいいよ」

それを聞くと、顧問は紙コップになみなみとスポーツドリンクを注いだ。それを一気に飲み干すと、何度も何度も給水レバーを押した。子ども達のために準備したスポーツドリンク。だから自分は飲んでいなかった。そして顧問は…水筒を持っていなかった。

「強化子」としての価値は、

それが「遮断」されることで、高まる。

「強化子」を深く知ることで？

経験も、感覚も否定はしない。人が生きていく上で、それは大いに役立つ。

でも、経験や感覚だけを頼りにしていると、知らず知らずのうちに失うものもある。特に教育においては、この経験や感覚に頼りすぎると…。

「いつまでもご褒美なんかに頼っていたらダメじゃない?」

あるベテラン教員が、新米教員に放った一言だ。この教員に対して言っておきたい。応用行動分析学には「ご褒美」というものはない。「行動」が「強化されている」のであれば、「直後」の出来事は「強化子」だ。この時「正の強化子」と名付けられたものの中に、いわゆる世間で言う「ご褒美」と言われる類いのものが含まれていることはある。でも、必ずしも「ご褒美」と「正の強化子」は同義ではない。「ご褒美」にはとても見えない「正の強化子」など、現にたくさん存在する。

さて「いつまでもご褒美なんかに頼っていたらダメじゃない?」論争だ。続きを見てみよう。実際の教育現場ではよくある光景だ。

「もう、ご褒美やめない?なくても子ども達、やれるよ」

この一言で、「行動」の「直後」の出来事であった「正の強化子」を「+(プラス)」することをやめた。鶴の一声。仕方がない。ベテラン教員には経験がある。駆け出しの新米教員が「でも、応用行動分析学では…」なんて言い出せば叩かれるだけだ。

『ねっ、ご褒美がなくても、ちゃんとやってるでしょう。俄然やる気になっているじゃない。ご褒美なんてなくても「自分はできる」っていうところを、子どもってね、見せたいものなのよ』

　ベテラン教員は、そう言うと自分の経験則がいかに教育において役立つものなのか新米教員にコンコンと説いていた。

　さて、この後何が起こるのだろうか。ここまで、この本を読み進めてきてくれたあなたなら、説明できるだろう。一つは、このベテラン教員が言う「俄然やる気」の正体を。そして、もう一つはこの後、この「行動」はどうなっていくのかということを。

「俄然やる気」になっているかなんて、正直誰にもわからない。まずは「分析」だ。「ご褒美」をやめた。つまり「正の強化子」を「＋（プラス）」することをやめた。この手続きは「消去」だ。すると、確かに子ども達の「行動」は、これまでよりも強まった。「消去」には付き物の現象だ。これが「俄然やる気」に見えた正体だ。

　でもこのまま「消去」を続ければ、「行動」はどうなっていくのだろうか。あなたはもう、おわかりだろう。

『あれ、そういえば子ども達、最近あの「行動」しなくなったわね。何でかしら。前はちゃんとやっていたのに。まったくしょうがないなぁ』

まったくしょうがない。このベテラン教員には、応用行動分析学の知識を持ってもらった方がよさそうである。では、もしあなただったら、どうしていくだろう。

確かにある程度、「行動」が安定して出現しているのであれば、毎回毎回、「正の強化子」は必要ない。とは言っても、完全になくせば「行動」は消失する。では、時々「正の強化子」を提示するというのではどうだろう。仮に三回「行動」が出現したら、一回「正の強化子」を提示するとか…。いや待てよ。同じ三回に一回でも、いきなり初回で「正の強化子」を提示して、次の三回に一回の時には、今度は二回目あたりにとか。こうすれば、いつ「正の強化子」が提示されるかわからなくなる。その方が「行動」は安定してそうだし。でも、感覚的に間隔を決めていいのかな。記録を見て決めた方がよいかな…。

こうやって、「強化子」を提示するスケジュールを考えることはとても重要だ。今回の話もそうだが、既にお話ししてきた「ゲーム」の話、「給水タンク」の話も、要は「強化子」をどう教育において効果的に組み込んでいくかということだった。

教室の中では、「強化子」は生きている。「強化子」を深く知ることで

教育はどんどん活きていく。

「シール」をいくら集めさせても、それが「使えない」のであれば？

「シール」は教室の中でよく取り入れられるアイテムの一つらしい。何の変哲もない、赤くて丸いあれだ。

これを「強化子」として使おうと考える。

でもシールをただ集めさせていても、効力は生まれない。

あなたの目の前に、「日本銀行券一万円」が入った封筒と、「子ども銀行券」が十万円入った封筒が置かれている。どちらか一方を、あなたにプレゼントしたい。欲しい方を選ぶといい。

「日本銀行券が入った方をください」

大抵は、皆、日本銀行券が入った封筒を選ぶ。理由を尋ねると

「子ども銀行券は使えません。おもちゃですから」

なるほど。金額は十倍にもかかわらず「使えない」から要らないらしい。「子ども銀行券」は通貨ではない。どこのお店に行っても、一円相当のモノすら買えない。

では、こうしよう。あなたの目の前に、「日本銀行券一万円」が入っている封筒と「百貨店金券」が十万円相当入っている封筒が置かれている。この百貨店は地域の老舗だ。どちらか一方だけ、あなたにプレゼントしたい。

これはどうだろう。迷わず「十万円相当」の「百貨店金券」を選ぶだろう。ご存じの通り、「百貨店金券」も通貨ではない。なのに選ばれた。理由を聞いてみた。

『通貨ではないが日本銀行券一万円よりも、十倍の買物が「百貨店」でできるから』だそうだ。つまり「使える」。

「今日から、ドリルを2ページやったら、ご褒美のシールを1個、カードに貼ります。みんな頑張ろうね」

そう言うと、あなたはカードを配った。カードには10個のマスが印刷されている。ドリル20ページでカード1枚がいっぱいになる。子ども達は、一斉にドリルを始めた。そして、2ページを終えるとあなたの元に駆けつけシールを1個手に入れた。このシールがご褒美かどうかは知らない。でも、今は「行動」が「強化されている」。「正の強化子」だ。

数日が経った。既にシールでいっぱいになったカードを、3枚持っている子どもがいた。ところが、未だに1枚のカードもいっぱいになっていない子どもが大半だ。

さらに数日が過ぎた。どうやら、一人を除いて、もう子ども達はシールを貯めていない。つまり、ドリルをしなくなった。カードが、教室のあちこちに落ちている。

「みんなカード大事にしてよ。ドリル頑張った人にはシールだよ！ほら、頑張ろうよ」

あなたの言葉だけがむなしく教室に響く。もはや「シール」は「正の強化子」ではない。なぜシールを集めなくなったのだろう。シールはいくら貯めても「使えない」からだ。

では、シールが十円玉だったらどうなっていただろう。十円玉は通貨だ。貯めれば好きなお店で、好きなものと交換できる。そう「使える」。きっとドリルは続いていたはずだ。

「そうは言っても、学校で、お金は渡せません。だからシールにしています」

誰に聞いても教員はそう言う。その通りだ。仕方がない。ここでの教訓としては「シール」をただ貯めさせたところで、「使えない」。だから「正の強化子」としての効力を持たなかった。まさに「子ども銀行券」と同じだ。これがわかっただけでもよしとしよう。

そういえば、シールを貯め続けている子どもが一人いた。彼の「ドリルを2ページする」という「行動」は維持していた。「シール」は「正の強化子」だ。なぜだろう。「そういう子もいるんじゃない」と片付けてはいけない。「行動」には「理由（わけ）」がある。「シールでいっぱいになったカードを1枚お母さんに渡すと、次の日の晩御飯、ボクが食べたいものを作ってくれるんだ」

なるほど。彼にはシールを貯めると、彼にとって価値あるモノと交換できる仕組みが生活の中にあった。そしてシールは百貨店の金券と同じように、家の中で「使える」。「シール」をいくら集めさせても、それが「使えない」のであれば、

「正の強化子」として「行動」を増加・維持させることはない。

シールを
どれだけ貯めれば
何が得られるのか？

シールを使うことで、
様々な効果が期待できる。
でも、ここでもこれまで
に話した「強化子」の考え
方は押さえておかなければ
ならない。
なぜならシールだけでは
「強化子」としての効力は
期待できないからだ。

ポイントカードを差し出すと、スタンプが押された。これが貯まるとどうなるのだろう。「当店に何回、足を運んでいただけたかが、わかる仕組みになっております」

この店のポイントカードはすぐに捨てた。スタンプにはもともと何の価値もない。ところがこのスタンプもシールと同様、貯めることで望んでいるモノと交換できれば、途端に価値を持つ。この場合のスタンプや、シールを「トークン（代用貨幣）」と言う。そして「トークン」を集めると交換できるモノや活動を「バックアップ強化子」と言う。

さて、シールをコツコツ集め続けていた子どもの話に戻そう。彼は、「ドリルを2ページする」と1個のシールを手に入れた。シールが10個貯まると、このカードはいっぱいになった。つまり、ドリル20ページにつき、一回の間隔で好きな晩御飯をリクエストできた。

リクエストの内容は、母親とこの子どもの間で話し合って決めた。好きなメニューからカレーライス、ハンバーグ、エビフライ、そしてスパゲティミートソースの四つがリストに載った。ただし、急にリクエストされても、すぐに準備ができるとは限らない。そこでカードが渡された翌日の晩御飯に、リクエストした食べ物を出すことを取り決めた。こうした細かい取り決めを事前に十分にしておけば、「トークン」は機能する。

そんなある日、シールがいっぱいに貯まったカードを母親に1枚差し出し

『お母さん、明日の晩御飯、「ほあぐら」っていうのが食べたいんだけど』

「フォアグラのこと。どこで聞いてきたの、そんな知らなくてもいいこと。フォアグラって高級食材なのよ。そんな高級なモノ出せないよ。第一リストにないでしょ。ダメ！」

「じゃ、何枚貯めればいいのさ」

フォアグラは、シール何個分に相当するのだろう。これは市場の相場を言っているのではない。この子にとっての相場だ。彼はまだフォアグラを知らない。仮にシール200個と設定すれば、何が起こるか。その間、彼は「バックアップ強化子」にありつけない。「ドリルをする」ことが「消去」されるリスクがある。別の取り組みとした方が賢明だ。

「じゃ、お風呂掃除を200回やったら、フォアグラ食べに行きましょう」

「よし、ほあぐら、お風呂掃除200回ね」

翌日から、お風呂掃除が新たな取り組みとして加わった。このまま毎日続けると、ちょうどクリスマスの日がその日にあたる。でも200回という数は適当だ。母親はさほどの期待をしていなかった。そのうち、フォアグラ熱も冷めるだろうくらいに考えていた。

ところが200日、子どもは1日も欠かさずお風呂掃除をやってのけた。満面の笑みで
「明日はほあぐら！」

そう言うと200個分のスタンプが押された20枚のカードを母親に渡した。そしてゲームを始めた。はて、今日のお風呂掃除はどうなったのだ。一向に始める気配がない。

「今日はお風呂掃除、しないの?」

「うん、しない。だって、200個貯まったもん」

何ということだ。あれだけ頑張っていたのに…。というより、こうしたスケジュール下では、よくこのようなことが起こる。おそらくしばらくの間、お風呂掃除はしないだろう。

「ほあぐらおいしかったな〜。いつでも家で食べられたらいいのに」

無邪気である。名前くらい覚えて欲しいところだが、たいそう満足したようだ。

「お母さん、ボク、今度はきゃびやっていうのも食べてみたい。お風呂掃除何回?」

「キャビアのこと。そうね…でも、あんた、どこでそんなもの覚えてくるの」

「トークン」をどれだけ貯めると「バックアップ強化子」にありつけるかは

子どもとの間で決めなければならない。

「トークン」の効力は絶大だが？

「トークン」と「バックアップ強化子」は、教育においても、様々な効力を生み出す。もちろん、望ましい「行動」が増えることで生活も豊かになる。

でも、「トークン」の使い方は、必ずしも「行動」を「強化」するだけではない。

「ここに、みんなが一週間の間で好きな晩御飯を、どのくらい食べているか書いて」実態調査をしたようだ。成功事例に学んだらしい。この調査でわかったことがある。このクラスの子ども達は、平均で週一回程度は、好きな晩御飯を食べている。こうしたデータに基づいて、教育における様々な仕掛けを考えることは悪くない。

先程の話に戻す。「ドリルを2ページする」と「トークン」を1個もらえるというあれだ。実態調査のデータをもとに「トークン」が5個貯まると「バックアップ強化子」と交換できるようにしたようだ。「バックアップ強化子」については、家庭で決めてもらい、交換も家庭でするという仕組みだ。なかなかいいアイデアだ。

さて、教室の中には、ドリル1ページを10分でできるサトウ君と、30分かかるスズキ君がいる。二人はそれぞれ、「トークン」を1個手に入れるためにかかる負担が違う。ちなみに、二人とも好きな食べ物はカレーライス。なので「バックアップ強化子」はカレーライスにしたようだ。

ドリルの時間は、朝の会前10分間と、帰りの会前の10分間が設定されていた。つまり、一日20分間だ。サトウ君は、五日目で「バックアップ強化子」をリクエストできる。一方、スズキ君は三倍の三週間かかることになる。カレーライスは、どれだけ頑張っても、三週間に一回となる。「やってらんない」。スズキ君は、きっとそう思っている。

これで上手くいくだろうか。上手くいかない。導入時にはむしろ負担を下げ、「バックアップ強化子」に確実にありつけるようにするのが鉄則だからだ。

ではどうすればよいか。負担を下げてやればよい。例えば、スズキ君は「ドリルを1ページする」と「トークン」を1個もらえることにする。そして、「トークン」が3個貯まると「バックアップ強化子」にありつける。5日目の朝の会前のドリルの時間には、順調にいけば3個目が手に入る。となればこれまでのように一週間に一回は、カレーライスを食べられる。これを一、二ヶ月やってみて安定するようであれば、「トークン」を4個貯めると「バックアップ強化子」と交換できる。少しレベルを上げるのだ。スズキ君もOKならば、新しいチャレンジが始まる。もちろん、NOであれば現状維持だ。

「他の子よりもスズキ君はドリルの量が少ない。これは不平等じゃないですか?」

教室の中では必ず問題になる。確かに、不平等だ。否定はしない。もちろん、平等に進めてもよいが、スズキ君には「トークン」は機能しない。問題はそこだ。「トークン」がスズキ君の生活の中で機能すれば、彼の学びは促進される可能性がある。でも平等性の担保がそれを阻害しているとしたら…。「トークン」から教育界全体の課題も見えてくる。

「先生から提案があります。今、みんなはドリルを頑張ってシールを集めているよね。これに、もう一つ、新しいルールを付け加えます。最近、廊下を走っている人多いよね。なので、もし廊下を走っているところを先生が見つけたら、シールを1個没収します」

教室中から悲鳴が上がった。なんとスピード違反の罰金制度が学校の廊下にも適用された。早速第一号が検挙され、直ちに集めていたシールから1個没収された。暴走数はその後どうなったか。激減した。つまり「弱化された」。ちなみに「トークン」は没収された。なので「負の弱化子」ということになる。「トークン」には、こういう使い方もある。

さて、その後の教室はどうなったか。少し様子が変わってきた。暴走を見つけて告発する子ども達が出現した。そして「ルールを破ったら厳罰だ。トークンを取り上げげろ」という声があがった。おかげでルール違反は減った。が、何だか窮屈な日常になっていく。そういえば、「弱化子」を使うと、息の詰まる教室になるのだった。

「トークン」の効力は絶大だが、

使い方を誤れば、様々な歪みを生む。

その活動に参加する価値が大きければ大きいほど？

活動に参加する価値は人それぞれに違う。

価値ある活動には、その人にとっての「強化子」がゴロゴロと転がっている。

だからこそ、その活動への参加が制限されると痛い。

でもその人にとって価値のない活動だと…。

スポーツにはルールがある。もちろん、そのルールを破るとペナルティが科せられる。「退場！」は多くのスポーツに採用されているペナルティだ。スポーツを楽しむ選手にとって、退場を食らうと試合に出場できない。出られない以上、活躍もできない。だからスポーツ選手は退場しないように、ぎりぎりのところでルールを守る。

さて、もし「スポーツなんて別に好きじゃないんですけどね」と言う子どもがいたら…。

「ピー。それダメ、退場！」

あなたは、退場を伝えた。ルールを破ったのだ。当然のペナルティだ。

ところが、子どもはグラウンドの片隅にある花壇へとまっすぐに向かった。そこに、カマキリがいる。彼は、休み時間にそれを発見していた。

ハテ、この子にとって、退場の意味は何だろう。結果的に、彼は好きな昆虫と戯れることに成功していた。まぁ、いい。今更、試合に復帰させるわけにもいかない。

「ピッピッピー！ダメでしょ、それ。反則。退場！」

また今日もだ。ここのところ、試合中の反則が多発している。そして、その後は必ず花壇にまっすぐに向かって行く。花壇に行くために反則しているようにも見える。いや、そう考えるべきだ。「分析」をすれば、すぐわかる。「反則行動」は、「強化されている」。

少し解説をしよう。スポーツ選手にとって、なぜ「退場」が、「反則する」という「行動」の「弱化子」として機能するのか。それには、まず「試合」に「強化子」が転がっていることが前提となる。「試合」に出場すれば何らかの「強化子」を得ることができる。しかし反則をすると、その瞬間「強化子」を得られる機会が一定に奪われる。考え方としては先程の罰金制度と同じだ。だから「反則しない」ようになる。

ところが、この子にとって、「試合」に「強化子」は転がっていない。だから「試合」への出場の機会を奪ったところで、痛くも痒くもない。お金の価値もわからない幼児に、罰金制度を科しているのと同じだ。

所変わって、教室の中。この子は、スポーツは嫌いだ。でも算数は大好きだ。算数に関しては、授業中に発言することに執念を燃やしている。指名され正解する瞬間が、この子にとってのシュートだ。ただ少々厄介なのは、常に指名されようとして「はい、はい、はい」とうるさい。これまでも、「大きな声は出さないで」と注意をしてきた。だがイエローカード程度の効果しかなかった。ならばレッドカードにしたらどうだろう。ただし、教室から退場させるわけにはいかない。であれば「強化子」に一定の時間接触できない、つまり、指名をしないということにしてはどうか。なお時間は数分でよい。長すぎると逆に効果はないと言われている。ちなみにこのような一連の手続きを「タイムアウト」と言う。

「手を挙げる時に、声を出した場合は、その人にはレッドカード。これを一回出されたら3分間、その人を先生は指名しません。これは授業中のルールです。いいですね」

「はい！はい！はい！」

早速か。まぁいい。教員は彼に向かってレッドカードを見せ、静かにこう言った。

「レッドカードです。3分間は指名しません」

そう言うとタイマーがセットされた。彼は黙って手を挙げ続けた。しかし、「タイムアウト」中。あなたは彼とは目も合わせなかった。

「(ちっ、しまった、退場か、くっそぉ…)」

タイマーが鳴った。ようやく授業に復帰した。以後もレッドカードを食らうことはあったが、彼の反則は激減した。そう、算数の時間の退場は、何としても避けたかったからだ。その活動に参加する価値が大きければ大きいほど

「タイムアウト」の効果も大きい。

「ルール」とは？

社会には様々な「ルール」が存在する。「ルール」のおかげで一定の秩序が保たれている。

ところで、「ルール」とは何だろう。応用行動分析学では、「ルール」により自発行動が出現することを明らかにしている。

教室の中には様々な規範が存在する。ただ、教室の中の規範。普通に社会に存在するものとは少々趣を異にするものが多い。

「授業の開始時は背中、ピン」

黒板の片隅に貼られたこの紙。もちろんこんなものは法律にはない。社会の中にも存在していない。会社の始業時に「背中ピン」していないと社長に叱られることもない。家庭にもなければ、塾にもない。教室オリジナルと言っていい。

「タカハシ君、背中、ピンしていませんね」

うっかりしていた。昨日の夜、ゲームを片付けていなかった。片付けないとゲームは一日没収って母さんに言われていたんだ。あぁ～、これで今日はゲームで遊べないな…。

「タカハシ君！聞いていますか？背中ピンはどうしましたか？シール1個没収です」

おっと、しまった、そうだ。背中ピンもしなければ。こっちはシールが1個取られてしまう。えらいことだ。シールが足りないとゲーム時間が減らされる。こうなったら、ドリルをいつもよりたくさんやろう。そうすれば取り戻せるか…。

「行動」より前に示されている規範を「ルール」と呼ぶ。タカハシ君は、「ルール」に従っていなかったばかりに、家でも学校でも後悔しきりだ。以後、気をつけることだろう。

ここで少し、「ルール」について説明しよう。まず「ルール」には二つの特徴がある。一つは、口頭であっても、文字であっても、それが言語で示されているということだ。したがって、「ルール」は同じ言語を使用している方が、その影響を受けやすくなる。ちなみに黒板の隅に貼られていた「授業の開始時は背中、ピン」。これには、『「授業の開始時」には、「背中をピン」と伸ばしていないと「シールが1個没収」になるよ』という意味が含まれている。どうやら「ルール」は事前に口頭で示されていたようだ。このように「ルール」とは、特定の「行動」と、それにともなう結果を言語で示したものを言う。

そして、もう一つの特徴は、実際に、「強化子」により「行動」が増加・維持した、あるいは「弱化子」という履歴がなくても、「ルール」を手がかりに「行動」が出現しなくなるところだ。ただし実際に「ルール」に示された通りの結果にならなければ、いずれ「ルール」は画餅になる。

さて隣の教室を覗いてみよう。ここにも「授業の開始時は背中、ピン」と書かれた紙が黒板の隅に貼ってある。どうやらこれは学年全体での取り組みのようだ。

でも、この教室の中に「背中、ピン」をしている子どもは一人もいない。

「はい、授業始めるぞ」

授業が始まった。もちろん「ピン」をしていないと、シールを取り上げられるなどということもない。この教室には「ピンをしていないと、とんでもない目に遭うよ」という「ルール」はない。だから誰も「ピン」はしていない。黒板に貼ってある紙は、ただの標語にすぎない。

「えっ、何でうちの教室ではやらないかって？背中、ピン、社会に出て必要すか？」

確かに。社会生活、集団生活の中では「ルール」に基づき「行動」しておいた方がよいことも多い。でも、教室の中には、謎多き「ルール」が存在しすぎている。それが「学校の文化だ」と言われてしまえば、それまでなのだが、これを機に一度は見直してみてはいかがだろうか…。

「そんなこと、隣の先生には言わない方がいいっすよ。とんでもない目に遭いますから」

とんでもない目には遭いたくない。とりあえず、この「ルール」には従っておこう。

「ルール」とは

「行動」と、それにともなう結果を言語で示したものである。

理論を教室で実践しても「上手くいかないこと」がある？

教室の中の実践は、難しい。理論をベースに、子ども達の「行動」を理解できたとする。そこから、どのように展開していくかは、それを実践する者の創造力が問われる。その力は、試行錯誤の中で培われていくものでもある。

あなたは悩んでいた。

確かに、「トークン」を使うことで、一人一人はモクモクとドリルを終えていく。おかげで、成績は少しずつ伸びてきた。ただ、何か足りない。教室がバラバラな感じがする。廊下を走った子どもからはトークンを取り上げてきた。子ども達は自警団のようになっていった。お互いの問題ばかりを言い合う。なんかギスギスしている。そこで考えた。

「はい、今配ったシール一つ一つに、自分の名前を書いてください」

子ども達は、シール1個ずつに自分の名前を書いていった。

『次に、自分自身が学校の中でチャレンジしたい「行動」を一つ決めます。そして、それが一日に何回くらいできそうか「目標数」を決めます。無理な目標はダメですよ。できる数にすること。それをこのシートに書いてください』

子ども達は、各々でチャレンジしたい「行動」を書き始めた。「授業で発言をする」を「二回」や、「困っている友達を見たら手伝う」を「一回」、「友達を笑わせる」を「四回」などなど…。

『では、グループのメンバー全員の「目標数」の合計を計算してください』

1グループは5名で構成されている。グループ数は全部で6グループ。それぞれのグループによって、「合計目標数」は異なっている。達成困難に思えるグループは、少し検討させた。もちろん、それでよいと言うのであれば、その「合計目標数」のままとした。

『これからは、グループのメンバーのチャレンジしている「行動」を見つけたら、自分が名前を書いたそのシールを、その子に1個あげてください。ただし「行動」を見てもいないのに、シールをあげることは「ルール」違反です。それを発見したら、その人のシールは全部没収です。「ルール」は守ってね』

どうやら子ども達相互で、他の子どもがチャレンジしている「行動」に「トークン」を渡すらしい。これだと、「ステキな行動」にそれぞれが注目するようになる。なるほど。

『そしてグループでシールが何個貯まったか、合計数を毎日数えます。一日の「合計目標数」に達していたグループには、先生からゴールドシールを1個渡します』

「先生、ゴールドシール、貯まると、何かいいことあるの？」

何となく、「ゴールド」という響きに騙されそうになる。

「ゴールドシール10個貯まったら、お楽しみ会5分の権利が与えられます」

「えぇ！たったの5分だけしかないの。そんなの短いよ」

確かに、5分でお楽しみ会は難しいだろう。休み時間とさほど変わらない。

「でもね、他のグループのゴールドシール10個と合わせたらどうなるかな？」

「そっか、10分になる」

「じゃ、6つのグループのゴールドシールを全部合わせたら……」

「長い時間のお楽しみ会になる」

順調に貯まれば一ヶ月後には45分程度のお楽しみ会はできるだろう。今までのお楽しみ会開催の頻度と同じだ。

「先生、じゃあさ、それをもっと貯め続けて、2時間とか3時間とかにしてもいいの？」

「もちろん。みんなが貯めた時間だもの。みんなで、どんなお楽しみ会をしたいかによってもゴールドシールの使い方は変わるね。どう使うかはみんなで決めてね」

長い「ルール」だ。でも、確かに面白い。やってみる価値はある。

「アリカワ先生、これ、上手くいきますかね？本当は自分でも自信がないんです」

教室の中では、上手くいくことにも、上手くいかないことにも

必ず「理由（わけ）」がある。失敗したら、それを「分析」すればよい。

第3章

「困った行動」には理由（わけ）がある

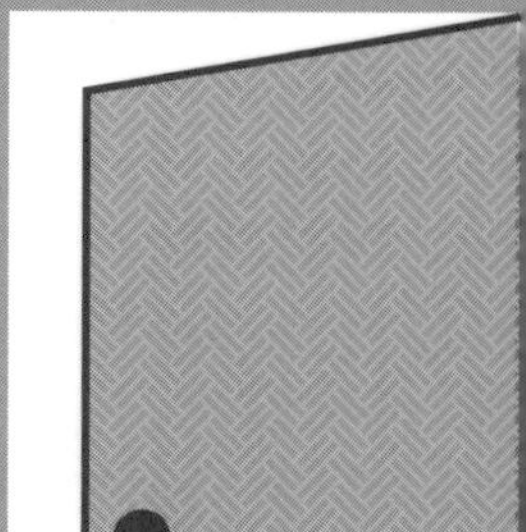

なぜ「行動問題」は起こるのか？

「困った行動」は、どの子にも大なり小なりあるものだ。中には、それが日常生活に支障が出るほどに悪化しているものもあろう。

それを「行動問題だ！」と言う。もちろん、そうだろう。

でも、「問題」の所在については今一度確認が必要だ。

「死人テスト」を通過したものが「行動」である。これは、何を「行動問題」とするかを決定する際にも、確実にやって欲しい。そして、もう一つ必要なことは、「行動問題」は必ずチームでアプローチしなければ解決できない。ワンチームで対応できるようにする必要がある。したがって「齟齬が生じない表現」で、「行動」を記述する必要がある。第1章をもう一度復習して欲しい。

「アリカワ教授、うちにいる生徒なのですが、問題をあげたらキリがありません。とにかく大変な生徒なんです。」

特別支援学校や、福祉施設では、一人でいくつも「行動問題」を持っている子どもや利用者がいると訴えられることがある。とりあえずリストアップをさせたところ、「死人テスト」を通過した「行動」が20以上もあげられた。確かに、それだけ解決したい「行動」があったのだと思う。「大変な生徒」と言いたくなる気持ちもわかる。でも、これでは何から手をつけてよいかわからない。

そもそも何が、「行動問題」か。一つは、その「行動」により、その「行動」を起こしている子ども自身に肉体的、精神的ダメージを負わせている場合だ。あるいは、その「行動」があるが故に、様々な活動への参加が制約されている状態に置かれる場合である。つまり「行動」が起こることで、その子ども自身の身に「問題」が起きている状態だ。

「いやいや肉体的、精神的ダメージを受けているのは、むしろ周囲の方です」

こういう声も聞こえてきそうだ。周囲にいる子どもへの他害や、その「行動」故に保護者達とのトラブルに発展し、結果、病気になる教員もいる。これらも「行動」が引き起こす「問題」に違いない。その通りだ。その場合も「行動問題」とすべきだ。

つまり当該の「行動」がもとで、当事者や、周囲の人達に「問題」が降りかかっていることが「行動問題」なのだ。裏を返せば、その「行動」が出現していても、当事者にも、また周囲にも「問題」となっていなければ、それは「行動問題」とは言わない。

さらには、多くの人が、「行動問題」は「障害」故に起こっていると考えがちである。

例えば、ジロウ君には自閉症スペクトラム障害がある。彼は音声言語でのコミュニケーションが難しい。そのジロウ君に対して教員は一生懸命、口頭で課題の内容を説明する。音声言語でコミュニケーションがとれるようになれば、少しでも障害が克服できると考えたからである。ところが教員の説明が始まると、彼はその場をフラっと離れていく。それを引き戻そうとしたところ、彼は教員の腕に噛みついた。なぜ、彼は噛みついたのか、その理由（わけ）を教員に尋ねた。すると「自閉症スペクトラム障害があるからだ」と言う。

彼の「行動問題」はこれだけではない。授業と授業の合間の時間。教員が次の授業の準備に取りかかっている。他の生徒達も、この時間はフリーである。その時に彼は、周囲にいた一人の生徒を叩いた。なぜか。これも「自閉症スペクトラム障害」だからだと答える。では問いたい。

『「自閉症スペクトラム障害」は、今の医学では治療できない。となると、ジロウ君のこれら一連の「行動問題」もどうすることもできないということになるが?』

「そうなんです。だから、もう次から次へといろんな問題が起きていて…。それで、今、「行動問題」は20個あります」

そういうことか。

もう一度確認したい。自閉症スペクトラム障害だから「行動問題」が起きているのではない。自閉症スペクトラム障害だから、その「行動」が増加・維持しているのでもない。

「行動問題」は、

「障害」があるから起きているのではない。

測定データのグラフ推移から何が見える？

学校には様々なデータがある。期末テスト、単元テストの点数は、学習の到達度を測定している。他にもドリルの進捗状況や小テストの結果などがあろう。

　こうした測定データは、数字のままでは活きない。視覚化した方がよい。

授業の小テストや、反復的に行うドリル学習がある。これらの類いでは、解答の正確さ、早さ、量などが測定されているのではないだろうか。日々の変化を追っていくことで、その成果もわかるはずだ。グラフ化することで成果はさらに見えやすくなるだろう。

「毎朝の10分間の算数ドリルに正答する」を「行動」としよう。この正答数を毎日、折れ線グラフに記入していけば、日々の推移をモニターできる。近い将来、子ども達は情報端末機器を一人一台手にする。こうした機能はもれなくついてくることだろう。

さて、あなたはここに「トークン」を使った実践を取り入れたいと考えた。すぐにでも、その効果を測定したいはずだ。でも、ここで焦ってはいけない。まずは、その実践を取り入れる「以前」の正答数の推移から、その「傾向」を把握しなければならない。

「実践以前って、どのくらいの期間、測定すればよいですか?」

きっと実践を早くやりたくてウズウズしているのだろう。だからこんな質問が出る。これに対して、明確な答えを私は持ち合わせてはいない。実践を取り入れる「以前」の「傾向」を把握することが目的だ。なので、それがわかるまでとしか言えない。「傾向」がわかれば三回でもよいし、わからなければさらに続けるしかない。一般的には多少、上下しながらも、一定の推移を示す。だいたい横ばいか、下降傾向が確認されれば実践を導入する価値はある。でも上昇していたら…。あなたも気づいていない「何か」が、既に子ども達に効果をもたらしている可能性がある。それは「トークン」よりも、もっとよい実践かもしれない。何が起きているのか、一から「分析」した方がよいだろう。

ちなみに、この測定期間のことをベースライン期と言う。ベースライン期に「傾向」が把握されたら、実際に「トークン」を使ってみよう。ただし、ここで悩むのが、「トークン」をどのくらいの正答数に対して渡していくのかということだ。その根拠となる数字がどうしても必要だ。ここでベースライン期の平均値を算出すれば、一日あたりの平均正答数がわかる。それを基準にすればよい。こうした数字一つ一つを根拠にしながら様々な設定がなされなければならない。感覚でやるものではないのだ。

さて実際に「トークン」を使った実践を始めた。測定したデータは、ベースライン期の後に引き続き、「点」を打っていくことになろう。

ここで注意して欲しい。必ず守って欲しい。どれだけ注意しても、誤る人が後を絶たない。折角、ここまで読み進めてくれているあなたにだけは間違えて欲しくない。

まずグラフを見て欲しい。ベースライン期の最後に打った「点」があるはずだ。そして、今、「トークン」を取り入れた初回の「点」を書き込んだ。折れ線グラフなので、この二つの「点」も線で繋げたいところだが、「待った！」。

ここは絶対に線で繋いではいけない。これには理由がある。ベースライン期は何の実践もしていない状態の推移が示されている。これに実践を行ってからの「点」を繋げてしまうと、どこからが実践を行ってからの推移なのかがわからなくなってしまう。

もちろん実践を行ってからの「点」については、ベースライン期と同様、線で繋げていけばよい。

さて、ベースライン期の最後に打った「点」と、「トークン」を取り入れた初回の「点」との間は空白になっているはずだ。ここに縦に区切りの線を入れると、さらにベースライン期と実践期の区切りが明確になる。これでグラフが完成した。

さぁ、グラフを眺めてみよう。ベースライン期の推移と比較して、実践の推移の方が高ければ、その実践は有効だったのだ。変わらない、あるいは下がっていれば修正が必要だ。

グラフの推移から

あなたの実践の成果が見える。

教育現場での記録・記述のポイントは？

「行動」を「分析」するためには記録・記述が必要だ。実際の出現頻度を記録できることが理想だ。「行動」の「直前」「直後」の記述も、ビデオ記録ができれば、その方がよい。

でも、実際にはどちらも現場向きではない。

「行動」の実態を把握する必要がある。それではまず「分析」する「行動」を一つ、あげてみよう。もちろん「死人テスト」を通過したものだ。

例えば「周囲の子どもを叩く」とする。その「行動」が出現したら、シートに記録をとろう。シートは表計算ソフトなどで作るとよい。「行」は30分毎にセルで区切る。「列」は、月曜日から金曜日の五日分に区切る。あなたは「行動」が出現する度にセルの中に「正」の字を書き込んでいく。この記録法は、実際に「行動」が出現した頻度を正確に把握できる。そういう点で、理想的な記録法だ。

でも、これでは記録で手一杯になる。高頻度で出現している「行動」だと、授業どころではなくなるだろう。現場向きではない。

少し手を抜こう。シートは先程のものと同じだ。でも記録のとり方が違う。今度は、30分間に「行動」が一回でも出現したらセルの中に一つだけチェックを入れていく。実際には、その30分の間に「行動」は十回出現していたとしても、それについては記録しない。つまり、残りの九回は記録されないことになる。

「それ、実態は反映されていませんよね」

確かに、反映されていない。ただ実践向きである。少なくとも、この記録法を使い、

「行動問題」がどの時間帯に出現しやすいのか、おおよそ見当がつけられる。

記録したシートを眺めてみよう。チェックがついている時間帯と、チェックがついていない時間帯があることに気づくだろう。連日、特定の時間帯にチェックが集中しているのではないだろうか。その一方でまったく出現していない時間帯があることに驚く。実際に「行動問題」は一日中起きてはいない。このことは記録をとるまで気がつかないことの方が多い。「大変な子ども」は一年中大変なことをしていると刷り込まれてしまっているのかもしれない。でも実際には違う。特定の時間帯には「行動」を起こす必要があり、別の時間帯にはその必要がないのだ。

では、そのシートを時間割と照合してみよう。もし行事などで変更があった時は、それが反映したものを準備して欲しい。

さて、何がわかるだろう。特定の授業や、似た傾向のある活動（例えば行事など）の時に、チェックが集中しているということはないだろうか。つまり、その授業や活動と「行動問題」の出現は関連している可能性があるということになる。

こうして特定の授業や活動と、「行動問題」との間には何らかの関連があるのではないかとの仮説が立てられる。でも、まだ「行動」を「分析」できる情報は一つもない。「行動」を「分析」するためには、「行動」の「直前」の出来事と、「直後」の出来事の記述が必要なはずだ。ビデオに記録するという方法もある。私ならそうする。でも、それは現場では難しいとの声があがる。そうだろうと思う。となると人力で何とかするしかない。

ここからはチームで対応するしかないだろう。ただし、いつ出現するかわからない「行動」を記録するために人は割けない。でも先程のシートのおかげで、特定の授業や活動と「行動問題」の関係には目星がついている。なので、その授業や活動の時に記述をお願いしよう。最低でも第1章での話の内容はチーム内で共有して欲しい。特に「齟齬が生じない表現で記述する」、「網膜に映った出来事をそのまま記述する」、そして『行動から時差がない「直前」「直後」の出来事を記述する』。これらを再度押さえて欲しい。ワンチームになっていないと、折角の記録をすべて台無しにしてしまう。それは何としても避けたい。

こうして集められたシートの記録と「行動」の記述をもとに、「行動問題」が出現している「理由（わけ）」を探る。教育現場での記録・記述は

それなりに手を抜きつつも、押さえておかなければならないことがある。

「行動」の「直前」「直後」の出来事を記述するだけで「行動」がなくなる？

「行動」を分析するためには、「行動」の「直前」「直後」の出来事の記述が必要だ。ところが、この記述をとろうとした途端、「行動」が出現しなくなったとの訴えを聞くことがある。

もし、これが本当であるならば、大発見だ。

『アリカワ教授、不思議なことが起こりました。「行動」を「分析」しようとして、記録をとることにしたんです。そしたら、「行動問題」がなくなりました』

凄いことが起こった。「記録をとり始めたら、体重が減った」というあのダイエット法に匹敵する革命的発見だ。早速、明治図書からもう一冊、本が書けるかもしれない。と大騒ぎして見せたが、実はさほど大した発見ではない。ちゃんと理由（わけ）がある。

早速、解説する。ポイントは、あなたや同僚が記録をとることで、子どもの「行動」の「直前」「直後」の出来事が、どのように変化したのかを捉えることにある。

子どもの「行動」を記述するために、おそらくあなたや同僚は、子どもの様子を観察しやすい位置に立つはずだ。そして、子どもの様子を凝視することになるだろう。それはそうだ。見えなければ記述はできない。当然、子どもから見ても、あなたが視界に入りやすくなるはずだ。つまり「行動」の「直前」「直後」の出来事が変化したと言ってよい。

少し具体的に話をしよう。「授業中立ち歩く」という「行動問題」があった。記録用のシートを整理したところ、算数の授業時間に多く出現していることがわかった。そこで、この「行動」を「分析」するために、「直前」「直後」の出来事を記述しようと試みた。算数の授業時間はできるだけ彼の近くに立った。その方がよく見えるからだ。彼の一挙手一投足も見逃さない。ロックオン状態だ。もちろん、彼もこちらを見ている。チョイチョイ視線が交錯する。すると、なぜか今日は「行動」が出現しなかった。そうなのだ「授業中立ち歩く」という「行動」の「直前」「直後」の出来事が、これまでと変わったからだ。

試しに今日は、少し離れて立ってみた。常に彼を視界に捉えていない。視線の交錯は極端に減少した。するとこの子は、再び「授業中立ち歩いた」。ちゃんと「理由（わけ）」があった。記述をやめたからではない。「行動」の「直前」「直後」の出来事が、記述をとる前に戻ったからだ。だから「行動」も元に戻った。このように、「直前」「直後」の出来事を、以前の状態に戻すことで、「行動」の「理由（わけ）」がわかることがある。

少し違う事例だが、こんなこともあった。

ある子どもの「行動問題」に「大声で叫ぶ」があげられていた。記録用のシートを見ると、図工などで道具を使う活動の時間に多く出現していた。そこで、この授業で「行動」の「直前」「直後」の出来事を記述することにした。記述には、チームであたることになった。早速、サポートに入ってくれた教員が、「行動」と、その「直前」「直後」の出来事を記述してくれることになった。ところが、記述をとり始めてからというもの、「大声で叫ぶ」ことがなくなってしまったのだ。

『折角、無理言って記述をお願いしたのに。これでは「分析」もできやしない…』

白い目が私に向けられた。いや、いや待って欲しい。本当にそうだろうか。「理由（わけ）」もなく、あったものがなくなるということはない。必ず「理由（わけ）」がある。それを探らなければならない。さぁ、「分析」だ。

わかったことがある。サポートに入った教員は、この子どもにばっちり照準を合わせていた。そのため、この子どもが道具の操作に困っていることもキャッチしていた。もちろん困っている子どもを放っておくことは職業柄できない。さりげなく援助をしていたのだ。この援助が得られるようになってからというもの、「大声で叫ぶ」必要はなくなった。

試しに数日間、「行動」の記述のサポートを遠慮した。つまり、記述をとる以前の状態に戻したのだ。彼からすれば援助が再び得られなくなった。やはり予想通り、再び「大声で叫ぶ」ことが始まった。これで、ハッキリした。

「行動」の「直前」「直後」の出来事を記述するだけで「行動」がなくなる

なんてことはない。それは「行動」の「直前」「直後」の出来事が変わったからだ。

「行動」と、「直前」「直後」の出来事を大量に記述すれば使える？

「行動」と「直前」「直後」の出来事についての記述は、その時々の状況によっても、微妙に異なり、多種多様だ。このままではなかなか「分析」が始められない。やはり整理が必要だ。

さて、どのように整理をしていけばよいのだろう。

「ウッセー、バカ（バシッ！）」

タロウ君は、とにかく周囲の子ども達とのトラブルが絶えない。大抵はこのセリフとともに、もれなくバシッと「叩く」。しかも、これが「強化されている」。周囲の子ども達も被害を受けている。だから周囲の子ども達も最近はタロウ君を避け始めている。このままでは仲間とも穏やかな生活ができなくなる。これは「行動問題」と言ってよいだろう。

さて、シートの記録を見る。すると、20分休みや、昼休みといった比較的長い休み時間に集中していることがわかった。授業時間には滅多に起こらない。そこで、長い休み時間にじっくりと「行動」と、その「直前」「直後」の出来事を記述していくことにした。

「直前」の出来事には『「タロウ君、ルール破った」とサブロウ君に言われた』や、『「いま、タロウ君はオニじゃないよ」とハナコさんに言われた』『「タロウとは遊ばない」とシロウ君に言われた』『「タロウ君、タッチされたから終わりだよ」とヨシコさんに言われた』などなど。記述も多様だが、少しばかりタロウ君に同情してしまう内容ばかりだ。それにしても一つとして、同じ記述はない。

「第1章では、記述をすれば、すぐにでも「分析」できそうな書きっぷりだったのに」

お怒りはごもっともだ。確かに、すぐにでも記述をもとに「分析」を始めたいところだ。

しかし実際はそうもいかない。現場で集まる「行動」と、その「直前」「直後」の出来事の記述は多種多様だ。「分析」するためには、これらの記述を整理する必要がある。

よい方法があれば私もぜひ教えていただきたいところだが…。未だに、この整理方法を巡っては、現場の様々な人達と試行錯誤中だ。とりあえず今は、次のように整理してもらうようにしている。

まず記録を切り出し、並べてみて欲しい。そして、その内容から共通するものを抜き出してみる。この時、他の内容とは異なった内容もあるはずだ。先程の記述でいうと『タロウとは遊ばない」とシロウ君に言われた』などは、他の内容とはちょっと違う。まったく、無関係とは言えないだろうが、共通しているとも言い難い。こういう記述も、捨ててはいけない。でも、少し脇へ置いておくとよい。そうでないと「何か嫌なこと言われたからかな…」と、つい勝手な「憶測」が紛れ込んでしまう。それが「分析」を歪める。

「行動」の「直前」の出来事に共通する内容は、「タロウ君が遊びのルールを誤り、他児に指摘を受ける」ことで一致するのではないだろうか。

「直後」も同様に記述を並べてみる。「私がダメと伝えて駆け寄る」「私が、叩いちゃダメと叫び仲裁に入る」「誰も関わらないと、追いかけてでも叩き続ける」の記述が並んでいたとしよう。共通しているのは「私がダメと叫び、トラブルの仲裁に入る」だ。『いや「直後」は「私がダメと叫ぶ」だけではないか』との疑問を持つ読者もいるだろう。素晴らしい。時間感覚は重要だ。ただし「私がダメと叫ぶ」と「仲裁に入る」が、時間的にも連続しているのであれば、一連の出来事として記述しておいた方がよいだろう。

それでは、「直前」の出来事、「行動」、「直後」の出来事をまとめてみる。

「タロウ君が遊びのルールを誤り、他児に指摘を受ける」と、「ウッセー、バカと言って叩く」という「行動」が出現する。すると「私がダメと叫び、トラブルの仲裁に入る」。

このように整理するまでが一苦労である。でもやらないと、「分析」はできない。

さて、このまま文章で記述したままだと、後々、戦略を検討する際、何かと不都合だ。なので一般的には、左から順に「直前」「行動」「直後」を記入できる四角い白抜きの図形を描く。そして、その中に、整理した記述をそれぞれに書き込んでいく。

「行動」と、「直前」「直後」の出来事の大量の記述は、そのままでは

使えない。共通する内容を切り出して、整理する必要がある。

戦略としての「消去」や「弱化子」を教室でどんどん取り入れる？

言い聞かせて「行動」が変わるならば、「行動問題」など、とっくになくなっているはずだ。でも、そう簡単にはなくならない。

闇雲にあれこれ試してみてもしょうがない。「行動」を変えるには、緻密な戦略が必要なのだ。

「戦略って、子どもと戦うんですか」

そんなわけない。困った子どもと戦うというイメージを持っているのであれば、それはすぐにでも改めて欲しい。この本では常に、「行動」をどう理解し、どう対応するかを一貫して考えている。自らの「行動」に困っている子どもは少なくない。だから一緒に「行動問題」を解決してあげて欲しい。そのためには緻密な戦略が必要だ。

それでは戦略を立てる。まずは『なぜ、その「行動」が出現しているのか』という「分析」から始めよう。これがなければ、闇雲に鉄砲を撃つようなものだ。アタリはしない。

先程のタロウ君の事例をもとに検討しよう。

「行動」の「直前」の出来事は、「タロウ君が遊びのルールを誤り、他児に指摘を受ける」。そして「行動」は、「ウッセー、バカと言って叩く」。この「行動」の「直後」の出来事は、「私がダメと叫び、トラブルの仲裁に入る」。

この「行動」は頻発していることから「強化されている」。したがって、「直後」の出来事である「私かダメと叫び、トラブルの仲裁に入る」は「強化子」だ。それではこれに「正」もしくは「負」のファーストネームを付けよう。「正」「負」の意味に「良い」「悪い」といった意味はない。「直後」の出来事が「行動」を起こしている子どもに「＋（プラス）」されているのか、あるいは「－（マイナス）」されているのか、その様子を説明するためのものだ。「私がダメと叫び、トラブルの仲裁に入る」は、タロウ君に「＋（プラス）」されている。なので「正の強化子」だ。「正の強化子」と名付けられた「行動」は「得る」ための「行動」だ。この場合は「ダメ」という教員の言葉と、その後に続く「仲裁」を「得ている」。それがこの「行動」の目的だ。これで「分析」は終わった。

さて、ここからが戦略となる。「行動」を変えるためには「直前」、「直後」を変えれば、「行動」は自ずと変わる。ちなみに、これは「行動問題」だ。だからこそ、タロウ君にとっても、その周囲にとっても最善の「行動」に変わっていくのが望ましい。

ではまず「直後」の出来事を変える戦略を検討してみよう。

「行動」を減らしたい、なくしたいのであれば、とり得る戦略は「正の強化子」であれば「＋（プラス）」しない。つまり「消去」だ。「ダメと叫ばず、トラブルの仲裁にも入らない」となるだろう。この手続きをとり続ければ、「行動」は消失へと向かう。ただし、「消去」にはリスクがともなう。現にタロウ君は、「誰も関わらないと、追いかけてでも叩き続ける」。これでは周囲の子ども達にとっては最悪だ。

他の戦略はないだろうか。「弱化子」はどうだろう。でも、何が「弱化子」として機能するかはわからない。だから、大抵の子どもがビビる強い刺激が使われやすい。「怒鳴り散らす」「叩く」だ。どう見ても体罰だ。「正の弱化子」は、倫理的にも使用すべきではない。第一、タロウ君にとって最悪だ。となると「負の弱化子」か。「ウッセー、バカと言って叩く」という「行動」が出現したら少しの時間、遊びの場からの退場はどうだろう。そう「タイムアウト」だ。あるいは「トークン」を使った実践をしているのであれば、ルールに基づいて「トークン」を没収することも考えられる。どちらも使えそうだ。タロウ君にとっては自業自得ということで…。

これでよいのだろうか。確かに「行動」は減少する。子ども達とのトラブルが減る。それはいいことだ。でも退場が多いチームメイトを歓迎するチームなんてあるだろうか。罰金だらけの友人を温かく受け入れる懐の深い子どもが果たして何人いるだろう。答えは、どちらも「微妙?」だ。ここは教室だ。チームがまとまらない戦略は回避した方がよい。困った「行動」への戦略として「消去」の手続きや「弱化子」は

教室の中では、最善の戦略とは言えない。

「困った行動」の「直前」を、可能な限りの工夫で変える？

「困った行動」の「直前」の出来事を上手に変えれば、「困った行動」は出現しにくくなるだろう。

そして「直前」の出来事を変えていくということは、「困った行動」が必要なくなる技術や、環境を創造することでもある。

「行動」の「直後」の出来事を変えることは最善ではなかった。となると、残りは「行動」の「直前」の出来事を変えるしかない。

「行動」の「直前」の出来事は、「タロウ君が遊びのルールを誤り、他児に指摘を受ける」だ。この出来事がなければ、「ウッセー、バカと言って叩く」という「行動」は起きない。となると「タロウ君が遊びのルールを誤り、他児に指摘を受ける」を変えればよい。

これはなかなか難しい。これを変えるということは、「タロウ君が遊びのルールを間違えず、他児は誤りを指摘しない」状況にすることだ。となると、ミッションは二つある。

一つは、タロウ君に正しく遊びのルールを理解させることだ。「誤り」を起こす確率を下げられる。実際にタロウ君に遊びのルールを確認してみた。例えば「高鬼」。これはかなり微妙な理解だった。鬼がタッチするということは理解していたが、高いところにいる子にはタッチできないという、この遊びならではのルールが入っていない。彼は普通に鬼ごっこをしていたことになる。だから鬼になると手当たり次第タッチしていたわけだ。それを他児に指摘される。鬼ごっこのルールも混乱し、とうとう自分ルールができあがった。すると他の子ども達からは、さらにあれこれ指摘されまくったのだ。子ども達の間で、「高鬼」ブームがいつまで続くかはわからない。でも放ってはおけない。ルールを図にして説明し、しばらくの間、「高鬼」遊びでは側に寄り添いながら「反応プロンプト」と「フェイディング法」を取り入れてみた。遊びのルールの誤りは随分と減っていった。

そして、もう一つ。「他児は誤りを指摘しない」だ。そうは言っても、誤りがあればそれを指摘するのは普通のことだろう。ましてや遊びのルールだ。守ってはじめて楽しめる。ではタロウ君がルールを誤まる前に、他児が「高いところにいない子をタッチするんだよ」とアドバイスしてあげるのはどうか。互いに協力して誤りが起こりにくくするのだ。

そこで、子ども達全員に「困っている子に助言する」を教えることにした。失敗しそうならば、「その前に助言する」。そして、助言をもらった子は、「ありがとう」を言う。

実際に困っている様子と、困っていない様子の二つのシナリオを子ども達に演じさせた。ここで「助言するモデル」と「助言しないモデル」も示した。「模倣行動」が起こるはずだ。それをもとにグループ毎に練習した。子ども達には、上手くできているところを褒めた。上手くできていないところは「こうしてみたら」と助言する。そうフィードバックだ。子ども達は徐々に困っている設定で、「助言する」。これが「弁別」だ。

ここで少々困ったことが起こった。授業で扱う題材はどうしても白黒ハッキリした設定になりがちだ。日常でこんなにわかりやすい設定はそう頻繁に起こらない。これでは「刺激般化」しにくい。似た設定に少しずつ変えていくのも一つだが、これにも限度がある。

では、こうしよう。困った時は「困ったから、助けて」「わからないから、教えて」も言えるようにしよう。これもみんなで練習だ。そしてタロウ君には、実際の困った場面で、これが言えるように「反応プロンプト」を入れながら生活の中でも使えるようにしよう。

これだけやれば「直前」の出来事も変わる。「ウッセーバカ、バシッ」はなくなる。

「アリカワ教授、第1章と第2章を総ざらいしたような内容なんですけど…」

この本の読者は、なかなか鋭い。でも、教室の中の実践は、これくらいやって欲しい。

一人の子どもの「行動問題」は、他の子どもの「行動問題」でもある。特定の子どもの「行動」を変えるだけでは解決しない。そのうち黒板で教えていたことは、情報端末機器で学べる。そんな時代に学校でしか学べないことはなんだろう。人はお互い助け合って生きているということだ。そして皆が生きやすい環境を、ともに創造していくということだ。

「困った行動」の「直前」を、可能な限りの工夫で変えることは

子ども達一人一人が穏やかに生活できる技術と環境を手に入れることに繋がる。

「困った行動」と、「同時にはできない行動」を「強化」すれば？

「困った行動」をなくすことで、一体何が解決できるのだろう。

「困った行動」をなくすことで、子ども達は何を得るのだろう。

もしかしたら、何かとっても大事なことが見えなくなってはいないだろうか。

「困った行動」をなくしたい。ならば、「行動」の「直前」の出来事を変える。これにより、生活しやすい環境の創造にも繋がるはずだ。間違っても生活しにくい、あるいは生活の質を下げる方向に変えては絶対にいけない。

タロウ君は「遊びのルールを誤り、他児に指摘を受ける」から、「ウッセーバカ、バシッ」が出現していた。ならばはじめから「友達と遊ばせなければよいではないか」。こらこら、遊びたいからそこにいる。どうすれば、他の子ども達と上手くやっていけるかをセットで考えなければいけない。教員のセンスはここで問われる。

そういえば、少し前の話になるが「授業中立ち歩く」子どもの「行動」については、まだ解決していなかった。これを「分析」してみよう。「直前」は、「算数の問題を一人で解かせる時」だった。すると「立ち歩く」。「直後」の出来事は、「算数の問題は目の前から消える」だったとしよう。「直後」の出来事は「－（マイナス）」されている。だから「負の強化子」だ。算数の問題から逃げることを目的にしている。

では「直前」を変えるという戦略をとってみよう。「算数の時間は、教員が一緒に解く」。これで「行動」は起きない。しかも算数の問題も一緒に解ける。もっとも、ほとんど答えを教えているような状態になるが…。これはなんか釈然としない。

では、こうしよう。「座る」という「行動」を「強化」するというのでどうだろう。「座る」という「行動」と、「立ち歩く」という「行動」はどう頑張っても、同時に出現しない。できるとすれば、もはやこの世の話ではない。つまり「座る」という「行動」を「強化」すれば、自ずと「立ち歩く」という「行動」は出現しなくなる。

このように、同時にはできない「行動」を「強化」することで「困った行動」を解決するという方法がある。牛乳ケースを両手で持っている子どもは、両手がふさがっている。この子は、この時、おそらく他の子を「叩く」ことはできない。両手で何かを持つ「行動」が「強化される」ことで、「叩く」という「行動」は減る。もっとも、牛乳ケースなんてどうでもよいと思っている子どもは、あっさり両手がフリーになるだろうが。

さて、「座る」という「行動」に対して、「正の強化子」として「トークン」を渡すことにした。この子が1時間あたりに立ち歩く頻度は六回だった。10分に一回は立ち歩くという計算になる。そこで10分、椅子に「座り続ける」ことができたら、「トークン」を1個渡した。6個貯まると「バックアップ強化子」と交換できる。

さて「立ち歩く」という「行動」はどうなったか。「座り続ける」行動の出現とともになくなった。あたり前だ。

さて、あなたはこの手続きに疑問が湧くはずだ。私も大いに湧いてくる。この子は、何のために「座り続ける」のだろう。もちろん「トークン」を手に入れるためだ。そのためだけに、ただひたすら「座り続ける」。果たしてこの時間は、この子にとってどういう意味があるのだろう。生活の質を高める時間になっているのだろうか。そうは思えない。

そもそも、なぜ「算数の問題を一人で解かせる時」に立ち歩くのだろう。なぜ、この授業に限って逃げなければならないのだろう。そこは置き去りになっている。

「算数がわからないからです。だから、そこにいることが苦痛なんだと思います」

であれば、その苦痛は取り除いて欲しい。机で好きな絵を描かせてもよいではないか。

「それでは…私が仕事をしていないことになります」

確かにそうだ。算数を教えてあげるのがあなたの仕事だ。だとすれば、「座り続ける」ことは本当の問題解決ではない。どうすれば算数に興味を持てるか。問題はそこだ。

「困った行動」と、「同時にはできない行動」を「強化」すれば

「困った行動」は減る。でも、それに何の意味があるのかを考えて欲しい。

「困った行動」にも目的がある？

「困った行動」にも、それをする目的がある。その「行動」をやめさせるだけでは、子どもは、その「目的」を達成する方法も失ってしまう。やめさせるのではなく、望ましい「行動」で、その目的を達成できるようにしてあげたい。

さて、いよいよこの本も終盤。そろそろ、未回収の事例を取り上げねば。第2章で取り上げた「オオキナコエハ　ダシマセン　バッ〜と叫ぶ」事例だ。

確か「行動」の「直前」の出来事は、「活動と活動の継ぎ目の時間に、教員が近くにいない」だ。そして「行動」は、「オオキナコエハ　ダシマセン　バッ〜と叫ぶ」。すると「直後」の出来事として、『教員が「大きな声は出してはいけません。バッです」と口元に指でバッテンを示しながら子どもに近づく』だ。この「行動」は「正の強化子」により増加・維持している。要するに、教員が声をかけながら近づいてくれれば、その目的は達成される。

さて、この場合も「直後」の出来事を変えることから始めることは、避けた方がよい。となると、やはり「直前」の出来事を変えることだ。「活動と活動の継ぎ目の時間には、教員がこの子どもに付く」にしてみよう。これでおそらく解決する。

ここで少し想像力を働かせて欲しい。なぜ「活動と活動の継ぎ目の時間」に、あなたを呼ばなければならないのか。

「ちょうど活動がない時間だから、他にやること、なかったんじゃないですか」

そうだ、その通り。他にやることがなかった。そういう時は「オオキナコエハ　ダシマ

センセン　バッ～と叫ぶ」。すると先生が来てくれる。となると他にもアイデアが湧いてこないだろうか。例えば、「活動と活動の切れ間に、一緒に次の授業の準備をする」「次の活動は何をするのか具体的に知らせる」などなど。

さらに、ここでもう一つ戦略を加えよう。「オオキナコエハ　ダシマセン　バッ～と叫ぶ」という「行動」は、「分析」の結果、教員を呼ぶことを目的としている可能性があった。子どもが教員を呼ぶこと自体に問題はない。この場合、呼び方が問題なのだ。声が大きく、周囲の子どもにとって迷惑なのだ。第一、人を呼ぶために「オオキナコエハ　ダシマセン　バッ～」と叫んでみたところで、担任がかわれば、誰も彼の元には来ない。どうせならもう少しステキな呼び方があるはずだ。それにすり替えたい。

では、どうする。もし、既に本人が「センセー」という「行動」のレパートリーを持っているのであれば、それを使って呼ぶ方が社会的にも望ましい。もし持っていないのであれば、簡単に獲得できる「手を挙げる」などはどうだろう。いずれにしても、既に獲得している、あるいは比較的容易に習得できる「行動」にすり替えるのがよい。

どのようにすり替えていくか。少し前だが、『左から順に「直前」「行動」「直後」を記入できる四角い白抜きの図形を描く。そして、その中に、整理した記述をそれぞれに書き込んでいくとよい』と述べた。これを「ステキな行動」へのすり替え戦略に活用したい。「直前」の出来事は、「活動と活動の継ぎ目の時間に、教員が近くにいない」だ。そして「ステキな行動」は、ここでは「センセーと言う」にしよう。この「行動」にすり替える。「直後」の出来事は、『教員が「なんですか」と言って、子どもに近づく』でどうだろう。

次に、「直前」の出来事の記述と、「行動」の記述の間に吹き出しを描いて欲しい。この中に考えつく「反応プロンプト」を書き入れてみよう。例えば『小さな声で「センセー」と伝える』、あるいは「手を挙げて、見せる」などだ。これを、「直前」の出来事である「活動と活動の継ぎ目の時間」に、すぐさま入れる。でも、あなたを呼ぶのに、あなたが「反応プロンプト」をするのも変だ。他の教員に「反応プロンプト」をお願いし、あなたは「センセー」と呼ばれたら、直ちに『「なんですか」と言って、子どもに近づく』。これでよいだろう。あとは、この戦略を忠実に実行するだけだ。

「困った行動」にも目的がある。

ただやめさせるのではなく、その目的が達成できる「ステキな行動」にすり替えよう。

「ステキな行動」に代えるには？

「行動」のレパートリーが豊富にあれば、私たちは日々生じる様々な出来事に、対応していけるかもしれない。でもレパートリーが限られていれば、それを使い続けるしかない。「困った行動」も現実には、そういう中で起きている。

「オオキナコエハ　ダシマセン　バッ～」は、その後はどうなったのだろうか。

「活動と活動の切れ間」には、「一緒に次の授業の準備をする」ことや「次の活動は何をするのか具体的に知らせる」などを取り入れていた。既に、この時点で「オオキナコエハ　ダシマセン　バッ～」はかなり減っている。

あわせてサブの教員の「反応プロンプト」により、「活動と活動の継ぎ目の時間」には、「センセーと言う」「行動」が出現した。そんな時は直ちに『「なんですか」と言って、子どもに近づく』ようにしている。「センセーと言う」この「行動」も増えてくるはずだ。

ただし「フェイディング法」を忘れてはいけない。「反応プロンプト」は、可能な限り「弱く」「短く」する。もし「反応プロンプト」をなくすことができれば、その時は「センセーと言う」「行動」を自発していることになる。

『アリカワ先生、確かに「センセー」を自発するようになりましたよ。でもわずかですが時々、「オオキナコエハ　ダシマセン　バッ～」も出ます』

それはそうだ。この「行動」は過去に、「強化されていた」。履歴は消せない。であれば、「消去」してみてはいかがだろう。「センセー」が日常の大半で出現しているのなら大丈夫。

「あれだけ消去についてはリスクがあると言っていたのに！」

と思われるかもしれない。でも、聞いて欲しい。私が「消去」のリスクを説いていたのは、「困った行動」だからすぐ「消去」という戦略をとる場合においてだ。先程も述べたが、「困った行動」にも、目的がある。「消去」したとしても、目的がある以上、別の「行動」でそれを達成しようとするだけだ。それが新たな「困った行動」を生み出すことにも繋がる。これでは最善の戦略とは言えない。

もう少し例をあげて説明しよう。今、あなたの前に一本道がある。しばらく歩くと、通行止めになっていた。あなたは通行止めの向こう側へ行く目的がある。でも、迂回路はない。さて、どうするか。道路脇の他人の家の塀をよじ登り、不法侵入するかもしれない。「何で道が通れないんだ」と、交通整理をする警備員に向かって怒鳴り散らすかもしれない。こういうことが起こるのだ。この時、もし迂回路が開通していたら、どうだろう。こんなことはしないはずだ。

子どもも一緒だ。「困った行動」ではなく、「ステキな行動」で、その目的を達成する方法を十分に知っているのであれば、あれこれやらかす必要はない。「困った行動」が使えなければ、「ステキな行動」の方を使うだろう。もはや道は一本ではないからだ。

よし「オオキナコエハ　ダシマセン　バツ～」については「消去」しよう。この「行動」が出現しても、『「なんですか」と言って、子どもに近づく』ことはしない。道の一本を通行止めにした。一方、「センセーと言う」「行動」が出現した時にはすぐに『「なんですか」と言って、子どもに近づく』。こちらを通れば目的地に辿り着ける。この時、もし通行止めをしている方の道に迷い込んだら囁く声で「センセーって言うんだよね」と迂回する道を再び示してあげればよい。迷い込んだ時にのみ「反応プロンプト」を入れる。もちろん「フェイディング法」はセットだ。これを徹底する。いずれ「オオキナコエハ ダシマセン バッツ～」は消失し、「センセーと言う」「行動」に完全にすり替わるだろう。

『アリカワ先生、そうは言っても現場では完全に「消去」できない時もあるんですよ。すぐに「行動」を強化できないことだってあります』

その通りだ。そういう時は仕方がない。完璧は難しい。でも「ステキな行動」が日常の中で多く出ているのであれば、大丈夫だ。だから、諦めずに続けて欲しい。

「消去」のリスクを最小にしながら用い、「ステキな行動」にすり替えるために、

「困った行動」を「消去」し、「ステキな行動」を強化し続けよう。

日常生活における様々な情報を集めたら？

変化のまったくない環境など存在しない。人は、様々な変化の中で生きている。

この変化は、「行動」へも何らかの影響をもたらす。生活の変化に関する情報は、「行動の起こりやすさ」を予測する上で重要な情報となる。

「行動」は、「直前」の出来事をきっかけとして出現し、「直後」の出来事により「強化される」、あるいは「弱化される」。この本では、この基本に従って話を進めてきた。

「この子、今朝、母親と喧嘩をして、ずっと機嫌が悪かったのです。だから、お友達と些細なことで大喧嘩になって…」

この例では、お友達との喧嘩は「朝、母親と喧嘩をした」ことが、その理由（わけ）として説明されている。現場では、このような説明を多く聞く。間違っているとは言えないが、応用行動分析学の基本から考えれば、きっかけとなった「直前」の出来事は「些細なこと」の方だ。こっちの方が「行動」との時差がない。つまり「行動」への影響力が強い。「朝、母親と喧嘩をした」は時差がある。かなり弱いと言っていい。

「でも、家庭環境などの影響がまったくないとは思えないのですが…」

私もそう思う。「行動」を起こすきっかけではないが、起こりやすさに影響していることは否定できない。我々もそうだ。仕事が立て込んでいる時と、そうでない時には、特定の刺激に対する感度はまるで違う。それではこの感度はなぜ変わるか。生活の様々な変化の影響を受け、「強化子や弱化子の価値が高まったり、低くなったりする」からだ。当然、「行動」の起こりやすさも変わる。この感度の変化は、人が様々な環境で生活している以上、絶えず起こっている。となると、やはり無視はできない。学校に限らず、日常生活を送る中での変化を、ある程度は把握しておくことも確かに必要だ。

もう少し具体的に説明する。「行動」の「直前」の出来事が、「特定の子どもの奇声」としよう。「行動」は「大きな声をあげて、ジャンプし始める」。そして「行動」の「直後」の出来事は「静かな別室へ行く」としよう。「行動」は「強化されている」。

さてこの場合、「特定の子どもの奇声」が「行動」を起こすきっかけである。これは変わらない。ところが「前夜、いつもより寝るのが遅かった」としたら、どうなるか。「行動」の「直後」の出来事である「静かな別室へ行く」。この「強化子としての価値」が、普段より高まっているかもしれない。そのため、いつもなら2分程度「特定の子どもの奇声」を聞き続けた結果、「行動」が出現していたものが、その日は1分程度になった。つまり感度が変わった。「静かな別室へ行く」ために、「行動」が出現しやすくなったのだ。

逆に「強化子としての価値が低くなっている」こともあろう。この場合は、「行動」の出現のしやすさも低くなる。例えば、普段以上に穏やかな朝を迎えた。何一つ不快なことを感じない奇跡的な朝だ。そんな中、「特定の子どもの奇声」があがった。普段はもって2分だ。それが、5分続いてようやく「行動」が出現した。

「行動」は様々な環境の変化に、影響を受け続けている。この環境の変化に関連する情報を集めておけば、それにより「行動」への備えができる。家庭との情報交換は、感度の変化を予測する上でも大いに役に立つ。

こんな子どもがいた。例年、6月頃になると、「行動問題」が噴出していた。「行動」の記録・記述を並べて整理していた時、偶然気温と湿度のデータに目が行った。教員は早速、これを「行動」の出現頻度に重ねてみた。すると気温と湿度が高い日に、その「行動」が多く出現していることを発見した。「行動」の「直前」「直後」に変更を加える戦略にあわせて、気温と湿度の予報をもとに、エアコンの設定を予め変えて感度の変化に備えた。

また記録シートを眺めていると、行事が立て込む秋に、「行動問題」の出現頻度が高くなる子どもがいた。教員は感覚的に、こうした傾向があることは知っていたが、記録をとって改めて驚いた。重点的に備えなければならない時期があったのだ。

日常生活における様々な環境の変化について情報を集めることで

「行動」の出現のしやすさに、備えることができるのだ。

「選択する」という「行動」の機会とは？

私たちは、様々な場面で「選択」をしている。

「物を選ぶ」「活動を選ぶ」など、あらゆる選択の中で今日まで生きてきた。

さて、あなたの周囲を見渡して欲しい。今、目の前にある選択の機会。本当にあなたが選択していますか？

「あの利用者さん、一日中、新聞紙をちぎっています。好きなんですかね」

ある障害者入所施設の職員の話だ。もちろん、異なる見解を持っている職員もいた。

「アリカワ先生、年輩の利用者さんを見ていて思うんです。ここに来るまで余暇のレパートリーが、もっとたくさんあったらよかったのにって…」

一日中やっていることが、必ずしも「好きなこと」とは限らない。これまでに、その「行動」の機会しか与えられておらず、その「行動」しか「強化されてこなかった」のかもしれない。あるいは、その「行動」をしていてくれることが、教員や職員、家族の「行動」の「強化子」になっていたのかもしれない。

「先日、こんな話がありまして……」

一人の母親がやって来た。「選択の機会を大切にして欲しい」と講演した後のことだ。

『家族でファミリーレストランに行った時の話なんです。うちの息子、特別支援学校の中学部なんですけど、オレンジジュースが好きで。ファミレスでは、いつもオレンジジュースを頼むんです。ところが、その日はメニューの中からコーラを指すんです。私、息子に言いました。「あんたコーラなんて一度も飲んだことないでしょ。コーラってね、シュワシュワして、ビリビリして、絶対飲めないよ。オレンジジュースにしておきなさい。いつも飲んでるでしょ」と』

私は相槌を打った。次のスケジュールがある。できれば早めに切り上げたいのだが、母親の話は終わりそうにない。一体、彼女は何が言いたいのだろう。

「私は息子のことを思って、オレンジジュースを頼もうとしたんです。そしたら、高校生の娘がキレたんです」

「ほう、ほう」

『「お母さんって、いっつもそう。ほんっとに腹立つ。いいじゃん、コーラで。まずけりゃ飲まないよ。二度とコーラ頼まなくなるだけだよ。それでいいじゃん」そう言って怒り出したんです』

「ほう、ほう、ほう」

「私、今日のアリカワ先生の話を聞いて、娘のことを思い出しました。あの娘の方が、ずっと息子のことを考えていたんだって…」

なるほど。高校生の娘さんは、親が選択の機会を奪っていると抗議した。「コーラを飲む」という「行動」は、「シュワシュワ、ビリビリ」によって「弱化される時は、される。ただそれだけ」と切れ味鋭く言い放ったのだ。母親が選択することではないと。

「ところで、その娘さんの言葉を聞いて、お母さん、どうされたんですか」

「バカなこと言わないでって。オレンジジュース頼みましたよ。それはそうですよ。シュワシュワ、ビリビリがダメって大騒ぎになるのも嫌だったんで」

なるほど。母親の「行動」の「理由（わけ）」もわかる。親子は相互に様々な影響を受けながら、今日に至ったのだ。

「でね、その後にもまだ話があって…」

まだ続くのか。良い話を聞いたと思っていたところなのに。

「この話、担任の先生にも話したんです。そしたらなんと、授業でハンバーガーショップに行った時、息子、コーラ飲んでたんですって。ホントにまいっちゃいますよね。なので、それからはファミレスでコーラ、頼んでます」

えっ、誰が？母？それとも息子？最後が微妙だ。選んでいるのは一体誰だ？

「選択する」という「行動」の機会は

誰かに与えられるものではなく、人が生まれながらに持つ大事な権利だ。

参考文献

Alberto, P. A. & Troutman, A. C.（1999）Applied Behavior Analysis for Teachers: Fifth Edition. Prentice-Hall. 佐久間徹・谷晋二・大野裕史 訳（2004）はじめての応用行動分析―日本語版第２版―．二瓶社．

Bailey, J. S. & Burch, M.（2011）Ethics for Behavior Analysts 2nd Expanded Edition. Taylor & Francis Group. 日本行動分析学会 行動倫理研究会 訳（2015）行動分析家の倫理―責任ある実践へのガイドライン―．二瓶社．

Cooper, J. O., Heron, T. E. & Heward, W. L.（2007）Applied Behavior Analysis 2nd Edition. Pearson Education. 中野良顯 訳（2013）応用行動分析学．明石書店．

O'Donohue, W. T. & Ferguson, K. E.（2001）. The Psychology of B. F. Skinner. Sage Publications. 佐久間徹 監訳（2005）スキナーの心理学―応用行動分析学（ＡＢＡ）の誕生―．二瓶社．

坂上貴之・井上雅彦（2018）行動分析学―行動の科学的理解をめざして―．有斐閣．

杉山尚子・島宗理・佐藤方哉・リチャード・W・マロット・マリア・E・マロット（1998）行動分析学入門．産業図書．

【著者紹介】
有川　宏幸（ありかわ　ひろゆき）
新潟大学教育学部教授
1969年，千葉県生まれ。筑波大学大学院教育研究科障害児教育専攻修了。1995年，岸和田市児童福祉課で発達相談員として勤務。2004年より岸和田市立保健センターを経て，2006年10月から新潟大学教育学部助教授，2007年４月同准教授。2016年４月より現職。
HP「ありちゃんねる」http://arichannel.jp/
【著書】
『障害児保育』（共著，建帛社，2008年），『発達が気になる乳・幼児のこころ育て，ことば育て』（ジアース教育新社，2015年）

エビデンスのある「ほめる」「しかる」を
手に入れたいから…　教室の中の応用行動分析学
その「行動」には理由（わけ）がある

2020年９月初版第１刷刊
2023年６月初版第６刷刊
著　者　有　川　宏　幸
発行者　藤　原　光　政
発行所　明治図書出版株式会社
http://www.meijitosho.co.jp
（企画）佐藤智恵（校正）武藤亜子
〒114-0023　東京都北区滝野川7-46-1
振替00160-5-151318　電話03(5907)6703
ご注文窓口　電話03(5907)6668
＊検印省略
組版所　株式会社アイデスク

Printed in Japan
ISBN978-4-18-337035-8